江陵北迁南士

一群才华横溢的梁朝俘虏

陈志林 著

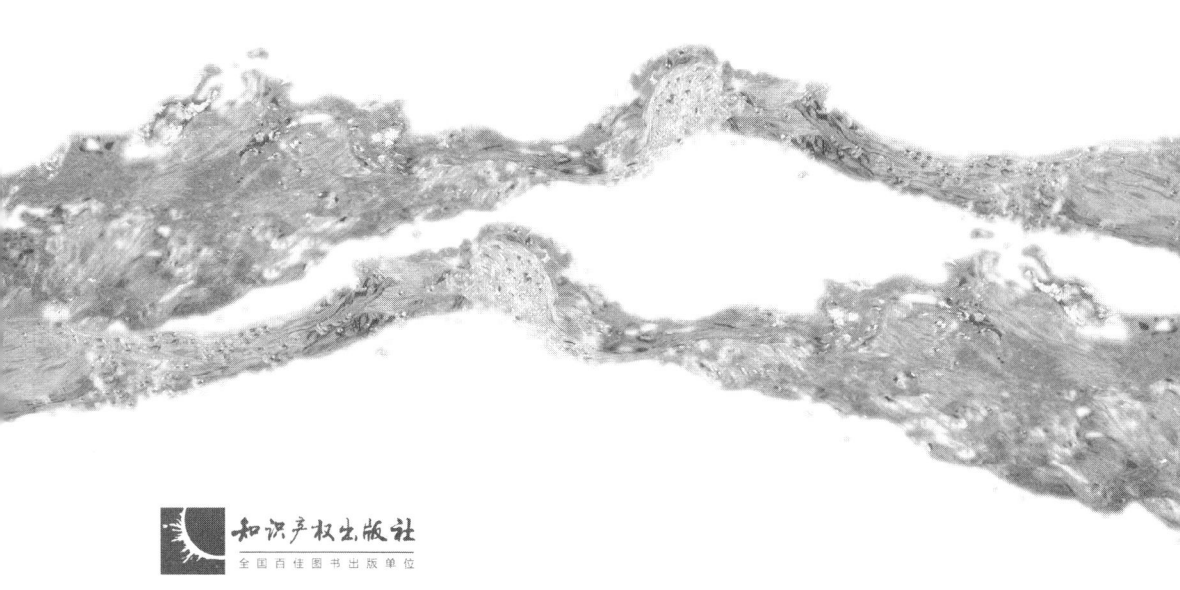

知识产权出版社
全国百佳图书出版单位

图书在版编目（CIP）数据

江陵北迁南士：一群才华横溢的梁朝俘虏/陈志林著.—北京：知识产权出版社，2018.8
ISBN978-7-5130-5569-7

Ⅰ.①江… Ⅱ.①陈… Ⅲ.①知识分子-研究-中国-梁国 Ⅳ.①D691.71

中国版本图书馆CIP数据核字(2018)第098720号

内容提要：

本书以正史为基础，以时间为序列，讲述了一群被俘虏到长安的梁朝士大夫的故事。

南北朝时期，汉族政权偏安江南一隅，少数民族政权控制整个北方。555年，西魏攻破梁都江陵，杀死梁元帝萧绎，并将满朝官员驱入长安。这批梁朝士大夫历经西魏、北周、大隋三个朝代，可谓命运多舛。但是，他们却以一种独有的方式将南朝正统文化传入北方，极大促进了中国历史的进程。

江陵北迁南士是被乱世掩盖了光芒的群体，在中国文化史上，他们默默建立了一座不朽的丰碑。

责任编辑：阴海燕　　　　　　　　　　　　　　责任印制：刘译文

江陵北迁南士——一群才华横溢的梁朝俘虏
JIANGLING BEIQIAN NANSHI——YIQUN CAIHUAHENGYI DE LIANGCHAO FULU

陈志林　著

出版发行：知识产权出版社有限责任公司	网　址：http://www.ipph.cn
电　话：010-82004826	http://laichushu.com
社　址：北京市海淀区气象路50号院	邮　编：100081
责编电话：010-82000860转8693	责编邮箱：yinhaiyan@cnipr.com
发行电话：010-82000860转8101	发行传真：010-82000893
印　刷：北京嘉恒彩色印刷有限责任公司	经　销：各大网上书店、新华书店及相关专业书店
开　本：710mm×1000mm 1/16	印　张：12.5
版　次：2018年8月第1版	印　次：2018年8月第1次印刷
字　数：163千字	定　价：35.00元
ISBN 978-7-5130-5569-7	

出版权专有　侵权必究
如有印装质量问题，本社负责调换。

目　录

侯景之乱　　1
迁都之争　　7
缀文之士　　11
江陵围城　　17
元帝焚书　　22
士人北迁　　28
群贤毕至　　33
南北变局　　39
校书麟趾　　44
武帝当国　　51
人质外交　　57
哀江南赋　　63
国医圣手　　69
露门学士　　74
三教论衡　　79
诛灭国贼　　84
太子中人　　88
武帝灭佛　　93
联陈攻齐　　98
文林学馆　　103
周师东讨　　107

自周南返	112
北齐覆亡	117
周武宾天	122
载棺直谏	127
杨坚矫诏	131
隋文践祚	136
协建开皇	142
国子激辩	147
东宫属官	151
平陈之战	155
怒斗权臣	160
议乐纷争	165
太子失位	170
三才机理	174
诸王罹祸	179
炀帝亡国	184
大唐盛世	189
附录　江陵北迁南士列表	193

侯景之乱

北魏在一次军民起义的打击下,分裂成东魏和西魏。侯景因屡受东魏高氏的猜忌而投靠梁朝,不料他却给江南带来一场始料不及的叛乱。面对侯景之乱,梁朝的王侯公卿将会如何应对?

549年6月12日,有个人死了,饿死的!

此人先是病了,一种难以名状的悔恨加重了他的病情。他孤独地躺在床上,多日未曾进食,呻吟也变得越来越短促。这一天,他感到嘴里很苦,用微弱的声音提出了人生最后的请求——想要喝一杯蜂蜜水。然而,周围的人仅仅轻蔑地看了他一眼,置若罔闻。终于,他万念俱灰,发出"嗬嗬"两声苦笑之后,撒手人寰。

死者名叫萧衍,是梁朝的皇帝,后世称他"梁武帝"。这位喜爱文学、崇奉佛教、生活简朴到无可挑剔的君主,执政四十八年后,驾崩于梁都建康的净居殿,享年八十六岁。

梁武帝萧衍之死是一个彻头彻尾的悲剧,由于他一时糊涂,在临终前的数月里,遭逢了一次本可避免的叛乱。梁武帝便在叛军的幽困之下,含恨而终。

叛乱的发起人名叫侯景,祖籍怀朔,羯族,原是北魏负责驻守边塞的一名镇兵,在一场旷日持久的旱灾引发的北魏军民大起义中,侯景加入义军,跟随主将葛荣一起反抗北魏政府。可是,当北魏权臣尔朱荣发动河阴之变,掌控北魏军政大权后,侯景转投尔朱荣门下，帮助政府军清剿葛荣的义军。未几，侯景再度背叛尔朱氏，投奔山东起事的好友高欢，并协助高欢推翻北魏，建立东魏，最终形成了东魏、西魏、梁朝三足鼎立的局面。

侯景因功受封河南道大行台，拥兵十余万，专制河南十三州。但是，他的反复无常引起了高氏的猜忌，特别是高欢之子高澄执掌东魏后，更是急于铲除侯景这个心腹大患，接连对他展开政治诱杀和军事攻伐。侯景自感在北方难以立足，只好向江南的梁朝称臣，以求自保。

侯景的来降，曾一度招致梁朝官员的集体反对，他们强烈建议梁武帝萧衍拒纳这位朝秦暮楚之徒。可是，梁武帝却忽略了公卿百官的善意提醒，接纳侯景并给他封官赐爵。

梁朝司义侍郎周弘正精通玄象和占卜，他见皇帝一意孤行，在预言国家命运的时候，不禁大声疾呼："侯景将是梁朝的乱阶之源啊！"

然而，自东晋以来，偏安江南的汉族政权对北伐的幻想和对大一统的渴望，使得梁武帝产生了错觉，他认为原本强大的北魏经由战乱分裂为东魏和西魏，乃是他崇信的佛祖恩赐给梁朝的一次绝美的统一良机。年届耄耋的萧衍多么期待有生之年能够亲见"普天之下莫非王土"的盛况！所以，侯景举十三州来降，成了他无法抗拒的诱惑。

但是，侯景的归降仅停留在名义上，他仍旧镇守在原有的辖区，从不入朝，而梁朝却给他提供了许多军用物资和补给保障。

548年12月，当侯景的军队偷偷渡过长江兵临建康的时候，梁武帝终于清醒了过来，狼子终有野心，出尔总又反尔！在失望的哀叹声中，梁武帝将保卫都城的指挥权交给了皇太子萧纲。

梁朝实行文人治国，武职多委外任，这是为了防范南朝历史上多次发生的武将篡权事件而采取的必要措施，因此，留守建康的官员多是手无缚鸡之力的士大夫。就连临危受命的皇太子萧纲，从小接受的也仅是经学和文学教育，严重缺乏军事攻守的基本训练，故而他的防御布局充斥着诸多措手不及下的慌乱迹象。

为了应对侯景的第一波攻击，萧纲命令东宫学士、建康令庾信率领宫中文武千余人，驻屯于建康的南方门户朱雀航，希望借此阻止叛军攻城的步伐。庾信擅长《春秋左氏传》，又能创作优美的诗文，但是他完全不懂得战争的手段。当铁面罩头的侯景军队向都城款款而来时，庾信根本无法战胜内心的恐惧，竟然放弃了坚守营盘的责任，胆怯地退回城中，致使叛军迅速地包围了建康城。

皇太子萧纲久处太子之位，却对官员缺乏起码的认知，因此，很难进行知人善任的调配，临时抱佛脚式的兵书研读亦不能在战争实践中立竿见影。在内奸的配合下，建康的外城很快陷落了，所有的守备力量不得不退入内城。

巨大的恐慌笼罩了整座建康城，绝望和哭泣突显着战争的无情。安城内史王褒意识到，士气的强弱将会影响最终的结局。他穿梭于兵卒之间，巡视于队列之内，激励斗志，安抚军心，内城的防守局面才得以继续保持。可是，此时解围的全部希望只能寄托于援军的到来。

梁朝实行分封制。萧衍将全数子孙派驻到各地充任诸侯王，只留下拥有法定继位权力的皇太子相伴左右。他的初衷是希望这些在地方上拥有行政、军事、经济权力的王侯子孙，平时镇守四方，战时出兵勤王，皇权交接时又可免于对皇太子的威胁。但是，就像许多建立在美好愿景基础上的政治制度一样，梁朝的分封制在兵临城下之时，带来了始料不及的哀伤。各地诸侯王接到建康军情之后，非但没有半点紧迫感，反倒欣喜若狂。因为他们各自都想成为未来梁朝的新主人，所以由衷期待建康城中那位垂垂暮年的老皇帝和皇权的顺位继承人早日死于叛军之手，侯景的反叛行为竟然得到了诸侯势力匪夷所思的默许！虽然在强大的舆论压力下，诸侯们皆表示愿意出兵解围，但没有付诸任何实质行动，甚至几位同时觊觎梁朝

天子之位的萧姓王侯，提前展开了殊死搏斗。

可怜那些被围困在建康城中的人们，他们相互鼓励，相互劝慰，想尽一切办法坚守城池。烽火台不断燃起呼救的狼烟，城内的信息捆绑在信鸽的腿上不停放飞，但都无济于事。

曾任梁朝太医正的姚僧垣，彼时正在外地就职。当他得知建康围城的消息后，紧急招募了一支兵勇赶赴国都救援，屯兵于建康城外不远处的一个要塞与叛军对峙。梁武帝见到这支个人武装，感动不已，遥授姚僧垣戎昭将军之职。可是，面对北方反魏起义中成长起来的侯景军队，无论姚僧垣多么心急如焚，私家兵勇都无法完成拯救危亡的任务。

549年2月23日，建康被围两个半月之后，失陷了。叛军冲入宫廷，大肆掳掠，同时控制了城中的皇帝和官员。

梁武帝萧衍统治江南数十年，他的权威是不言而喻的。侯景万万不能让他留在世上，所以将其软禁宫中，活活饿死。

梁武帝死后，侯景扶植皇太子萧纲继位，是为梁简文帝。侯景矫诏自封丞相，把持江南朝政。这种名为"挟天子以令诸侯"策略的发明者是东汉末年的曹操，因为该策略不必大范围触动原有的官僚体制，对于接管政局具有良好的效果，所以在后世成了屡被沿用的通例。不过，侯景的目标不只是相国，他想独霸江南称雄一方。通过后来他为自己加封的"宇宙大将军"称号，便可看出此人的野心。

侯景扶立简文帝萧纲后不久，以建康为中心，集结优势兵力，在南朝的大地上东征西讨，以求尽快控制整个梁朝领地。兵燹所过之处一片哀鸿，庄园被毁，人丁被杀，财物被劫，百姓流离失所，延续了数百年的江南世家大族遭受了灭顶之灾。

侯景手下有位名叫宋子仙的部将，率军攻占了吴兴。此人素知吴兴沈氏乃当地的名门望族，更听说吴县县令沈炯是一位饱学之士，他便有意起用沈炯担当军中书记。然而，沈炯无心侍贼，以身体有病为由，坚辞不受。富饶的江南丝绸之乡遍植桑树，宋子仙命人将沈炯推至一处桑林旁,扬言就地处决。沈炯毫无惧色,解开衣服,露出胸膛,等待受刑。宋子仙犹豫了,他知道这一刀砍下之后,杀死的绝不仅仅是一位倔强士人的生命,沈炯那满腹才华足可令人惋惜。于是,宋子仙借口桑树下杀人将会冲犯他所尊奉的一种源于印度的桑门信仰,从而饶过沈炯一命。

无独有偶,侯景领兵攻陷郢州之后,也捕获了一位名叫颜之推的士大夫。侯景劝其归顺,颜之推却不肯屈服。侯景大怒,多次想要痛下杀手,均被麾下行台郎中王则劝阻。王则久慕颜之推的才学,是以动了恻隐之心。最终,颜之推被囚送到建康。

叛军凶猛异常,足可令人畏惮。不过,随着战火延烧的扩大,侯景渐渐力不从心。梁朝地方王侯势力的强大超乎了他的想象,汉族百姓反抗异族统治的精神更令他捉襟见肘,同时简文帝萧纲也成了他外出征战时的后顾之忧。

551年10月,侯景废黜简文帝,并把他幽禁起来。在征得侯景同意后,东宫通事舍人殷不害进入内宫,陪同萧纲共居。殷不害十七岁仕梁为官,从政已近三十年,看着大好河山易于贼手,他哀痛不已,冒着随时到来的杀身危险,对废帝萧纲报以勤谨的侍奉。一天,萧纲梦到吃了一块土,醒后向殷不害倾吐心中的焦虑。殷不害宽慰道:"春秋时期,晋国公子重耳在出逃途中,有人给他吃了象征土地的土块,重耳终返晋国,成就了一方霸业。陛下此梦应该就是复国之兆。"萧纲叹道:"但愿你说的是对的。"可惜,简文帝的梦境很对,殷不害解梦有差。不久后的一天,侯景命人用土袋将萧纲闷死在建康的永福殿。

随后,侯景自立为帝,宣布取消梁朝国号,改建"汉"国。对于一位叛乱者来说,权力的障眼法总归是多余的。但是,侯景没有料到,他的废帝自立之举,彻底将自己送上了败亡之路。

自从叛乱爆发之初,镇守江陵的湘东王萧绎便拥有平定乱局的绝对实力,可是为了让自己获得一个名正言顺的称帝机会,他一直等到了哥哥萧纲被杀，才正式决定声讨侯景。萧绎派出以大都督王僧辩、平东将军陈霸先、武猛将军胡僧祐、建宁侯王琳为首的多路大军，对叛军展开围剿。在湘东王强大的军事攻击下，侯景很快丢掉了建康，并于逃跑途中被部将杀死。历时三年有余的侯景之乱，不出数月便被平定了。

552年12月13日，湘东王萧绎如愿以偿，在建康以西的江陵（也称荆州）继梁朝皇帝位，是为梁元帝。

那些在侯景之乱中饱经磨难的庾信、王褒、周弘正、殷不害、沈炯、姚僧垣、颜之推等建康旧臣，纷纷西上。

迁都之争

侯景之乱平定后,萧绎于江陵继梁朝皇帝位。针对迁都建康和定都江陵的问题,朝堂上爆发了一场荆州籍"西人"与建康籍"东人"之间的论战。梁元帝萧绎将会做出怎样的选择?

553年9月3日,梁元帝萧绎升坐朝堂。他似乎做出了最后的决断,声称将要下发诏书,还都建康。

二十年前,自萧绎被封为湘东王开始,江陵便成了他的统治中心。萧绎在荆州一带巩固了自己的辖区,培养了自己的权力集团,确立了自己的势力范围。可是,当他从一位地方王侯摇身变为一国之君后,隐约感到以江陵为都城不太符合整体战略构想。

一次仰观星象时,梁元帝曾向太史庾季才谈到了他的忧虑:"我担心祸起萧墙,不知哪里可以避过此祸?"

"祸起萧墙"指的是他的侄子萧詧,一位同样想要争夺帝位,却在与梁元帝的较量中败北的梁朝皇族成员。萧詧时为雍州刺史、岳阳王,实力不俗,野心亦大,并且他占据的雍州之地距离江陵很近,所以梁元帝感到非常不安。

太史庾季才的回答显然更具广阔的视野,他说:"通过天象的变化,可以判断北方的西魏将要攻打我们,陛下最好将重臣留在江陵,圣驾还都建康,以避此患。假使北朝入侵,顶多丢掉荆湘之地,不会影响社稷安危。假如在江陵停留太久,恐怕不合天意。"

梁元帝点了点头，但庾季才的说法并不符合他的心意。萧绎长期处于王侯地位，尚未习惯从大局考虑问题，而且他的权势根植于江陵，毫无迁都建康的意愿。梁元帝徐徐地叹了口气，说道："福祸在天，躲也躲不开呀。"

可是，经过与庾季才的交谈，萧绎已然明白，是时候在定都江陵和还都建康之间展开一场公开讨论了，因为百官和民众中甚嚣尘上的迁都呼声早已令他不厌其烦，若非通过一种合理的程序做出最后的决定，颇难服众。

梁元帝的还都诏书并没有提前书写，他故意在朝堂上提及迁都之事，只为试探朝臣的反应，然后借此开启一场迁都的大讨论。

果然，领军将军胡僧祐、吏部尚书宗懔、太府卿黄罗汉、御史中丞刘瑴极力反对迁都，他们给出了两点理由：其一，建康虽然是旧都，但凋荒已极，王气已尽，且与东魏仅一江之隔，若受攻击，难于回旋。其二，谶语有言："荆州洲数满百，当出天子。"他们将萧绎登基视为洲数满百的应验。

这些大臣的说法是有一定道理的。对于刚刚经历过侯景之乱的建康来说，人口大幅减少，城郭毁坏殆尽，农耕和商业难以为继，客观条件着实不容乐观。而且，侯景军队轻松跨过长江围困建康的场景，依旧是令人胆寒的梦魇。梁武帝和简文帝被害的凄凉，也足以让人唏嘘。可是，这些反对迁都者的真实动机却很值得怀疑，因为他们都是萧绎的旧部，属于家在荆州的"西人"，远赴长江中下游的建康任职非其所愿。

魏晋南朝以来，一种"上品无寒门，下品无士族"的门阀制度在江南汉族政权里愈演愈烈。在该制度的规则中，家族门第的高低直接决定一个人的社会地位，乃至官吏的选拔和任用也完全以此为基础。由此在南朝士大夫阶层产生了一种"亲先于君、孝先于忠"的思想，兴旺家族的愿望甚至超越了对帝国繁荣的期待。每当面临国与家的选择时，他们往往倾向于后者。

面对西人以天时已应、地利不许的主张，尚书右仆射王褒、黄门侍郎周弘正从"人和"角度表达了不同的观点："百姓看不到銮舆移驾建康，只会把陛下当成诸侯王看待。为了获得民众的认可，迁都势在必行！"

王褒和周弘正讲话非常小心，作为昔日梁武帝和简文帝的公卿，他们是在侯景之乱后投奔江陵的。虽然梁元帝重新给他们分配了官职，但以"东人"的身份反对"西人"总需慎之又慎。不想，宗懔、黄罗汉、胡僧祐、刘縠还是被激怒了，他们毫不犹豫地将话题引到了对方的身份弱点上，大声讥讽道："王褒、周弘正皆是东人，按照他们的意思东下，恐怕不是良计。"

西人这种以己度人的攻击手段并不高明，当年侯景横扫江南时，东人见识了诸多人间惨剧，比起坐视建康陷落而袖手旁观的西人来说，他们受到了家、国关系的初步启蒙，已然认识到国政危亡直接关乎家族兴衰，所以他们能够最大限度地抛却个人私心。

西人的侮辱是那样刺耳，周弘正厉声回击道："东人劝东，不是良计。西人欲西，难道是长策？"

梁元帝眼见一场迁都的讨论演化成一次斗嘴的争吵，不禁哈哈大笑。虽然萧绎早已下定了定都江陵的决心，但是为了安抚为数众多的东人，他知道这样的讨论仍要继续。梁元帝下令将议事地点移到后堂，以便更多不具备上朝资格的中下级官员也能参与进来。

"我想还都建康，各位公卿以为如何？"梁元帝问道。

此时参加会议的人数达到了五百人，表面看梁元帝想要集思广益，实际上他希望通过加入大量的西人，尽快达成定都江陵的决议。无论他在朝堂上宣称下诏迁都，还是在后堂里表示有还都建康的愿望，皆是假意支持东人的手段。

现场出奇地安静。梁元帝心口不一的问话方式使得迁都的支持者和反对者都不知如何开口应答。萧绎暗自高兴，说道："凡是劝我迁都的，请露出左臂！"这是萧绎的撒手锏，他要利用一次大庭广

迁都之争

众之下的表决,彻底否定迁都议案,达到永久平息舆论的效果。

然而,出乎梁元帝意料的是,许多西人也已意识到位于长江北岸的江陵毫无战略地位可言,出于对国家前途的忧虑,也纷纷挽起了左袖并高高举起了他们的手臂!

支持迁都的人数过半!

正当梁元帝大感惊愕之时,武昌太守朱买臣仗义执言:"陛下的祖先埋在建康,那里是国脉所在,江陵仅是边疆之地,不是王者之宅。臣的家在荆州,陛下在此定都对我个人是有利的,但臣富贵,不等于陛下富贵!"

然而,梁元帝不只对表决结果视而不见,且对臣子的慷慨陈情充耳不闻,他要求再试一种听天命的办法。萧绎宣召了一位名叫杜景豪的术士进入后堂,命他当众占卜迁都的吉凶。杜景豪即时起课,得到的卦象却是"不吉",回禀道:"不迁。"现场一片哗然,群情沸腾。就连术士杜景豪也对这一结果大感失望,转身退出的一刻,犹自叹道:"此兆定是恶鬼从中作梗!"

梁元帝面露喜色,当即宣布:"建康凋残,江陵全盛,不迁都!"

这场迁都之争以西人的胜利和东人的失败而告终,但是梁元帝知道,单靠西人旧部的力量很难完成对整个国家的治理,东人仍然是他要倚重的力量。为了安抚在迁都之争中落败的建康籍士人,梁元帝破例将王褒的官职从尚书右仆射提升为尚书左仆射,黄门侍郎周弘正提升为左户尚书。

此后,一场不期而至的战争将会证明,定都江陵是多么令人追悔莫及的错误!

缀文之士

> 南朝文化接续两汉，梁武帝时期达到鼎盛。北朝文化虽然经历了文化采借，但依然处于落后状态。侯景之乱后，梁朝的文化优势能否继续保持呢？

西晋末年，朝廷统治乏力，八王之乱爆发。原本游牧于漠北的鲜卑、匈奴、羯、氐、羌等少数民族趁机南下，入侵中原腹地，形成了"五胡乱华"的局面。311年，异族军队攻破西晋都城洛阳，俘虏了晋怀帝司马炽，灭亡了西晋。

当此兵荒马乱之时，大批汉族士人和百姓被迫放弃北方的故土，逃奔江淮以南，躲避胡人的兵戎。317年，在前朝旧臣和江南世族的共同拥戴下，司马睿在建康即皇帝位，延续西晋政权，史称东晋。至此，南方汉族政权同北方外族政权隔江分治的南北朝格局，终被构建了起来。

南渡的移民给江南带来了先进的生产方式和全新的思想，虽然其后的两百年间南朝历经东晋、前宋、南齐的政权更迭，经济和文化并未因为政治上的改换门庭而受到太多羁绊。待到502年，萧衍篡夺南齐皇位建立梁朝之后，江南进一步繁荣，学术随之大兴。

梁武帝萧衍对文化采取积极的鼓励态度，下诏成立国子学，开办五礼馆，大力弘扬儒家经学，一改曹魏两晋以来空洞无物的玄学风气。此外，梁武帝对文学也保持着浓厚的兴趣，他常常组织群臣吟诗作赋，并以金帛赏赐那些文笔优美的官员。即便士人作品中偶有一两处佳句,亦能得到他的青睐。一时间,梁朝人才辈出,缀文之士笔耕不辍,一种超越物质享乐之上的儒雅品鉴,应和着江南的丝竹,浸染了南朝的大地。上至皇帝公卿,下至普通士人,都在竭尽全力使自己的心性和学养与自己的身份相匹配。

与此同时,北方少数民族政权由鲜卑族实现了统一,建立了北魏政权,占据整个黄淮流域。

公元494年,执掌北魏的孝文帝拓跋宏进行了一次大规模的社会变革。这位颇具改革气度的鲜卑族帝王先后颁布了一系列法令,要求本族人员穿汉服、说汉话、用汉姓,并鼓励他们与汉族通婚,试图通过文化引进和血脉融合,将本民族同汉族牢牢地捆绑在一起,以便获得恒久存在的基础。

随着北朝汉化政策不断推进,南朝文化的鼎盛局面令他们艳羡不已。他们偷偷抄录汉人文采斐然的诗篇,探究其中不曾被他们冥思过的隽美真谛。他们在汉字撰写的书籍里认真爬梳,追索着文明的正确途径。每当满腹经纶的南朝学士出使北方,他们都待若上宾,渴望对方的只言片语能够点醒蛮荒的头脑。

文化正在跨越民族和地域的界限,弥合着南北分裂格局下的政治鸿沟!

梁朝定鼎之初,萧衍便册立了长子萧统为皇太子(即昭明太子),随后他礼聘名师,对太子进行悉心培养。萧统三岁时就已学完了《孝经》《论语》,五岁时更是遍读《五经》。待到他成年,十位名重江南的学士被遴选出来,终日陪伴太子交游唱和。萧统聪慧过人,在长期的学习实践中,很快掌握了文章的写作手法。那种简单的文辞点缀和技巧修饰,再也不能满足他对诗词的界定与追求。萧统翻阅了大量古典文学作品,结合自己的偏好,提出了"丽而不浮,典而不野,文质彬彬,有君子之致"的文学主张,并据此编纂了著名的《昭明文选》。这部文选囊括了上至秦汉、下至梁初五百余篇精美的诗词歌赋。萧统借助前人妙笔生花的作品,谋划着现实文学构思的指导方案。

在政权的鼓励和文化氛围的吸引下,大批江南文人学士来到建康,从事文学创作,进一步将南朝文化推向繁盛。以皇太子为代表的皇族,不再单纯充当政治领袖,他们演变成江南士人的文化核心,而梁都建康也牢牢占据了华夏文化的中心地位。

不幸的是,531年的一次伤病夺走了皇太子萧统年轻的生命。梁武帝哀痛之余,只好另立萧纲为皇太子。

萧纲生而好学,自称七岁即有诗癖。年长后,他对文章的爱好愈加浓烈。萧纲是一位极具巧思的文人,江南风景的多姿和女子的多情激发了他的创作灵感,一幅幅承平日久图景下的儿女情长吸引了他的目光,《诗经》里"窈窕淑女,寤寐求之"的浪漫邂逅为他提供了遐想的意境。萧纲独辟蹊径地提出"立身先须谨重,文章且须放荡"的文学理论,以此指导自己的写作实践。

晚日照空矶,采莲承晚晖。
风起湖难渡,莲多采未稀。
棹动芙蓉落,船移白鹭飞。
荷丝傍绕腕,菱角远牵衣。❶

这首名为《采莲曲》的诗歌便是萧纲的代表作品之一。一位晚风中采莲而归的绝代佳人,她纤纤的玉手划动着船桨,碰落了花瓣,惊飞了白鹭,莲蓬的丝絮缠住她娇嫩的香腕,水中的菱角牵扯着她靓丽的罗裙。这是多么美不胜收的场景啊!

皇太子萧纲居于东宫,故而这类手法细腻又丝丝传情的诗歌体例被称为"宫体诗"。

萧纲的诗歌水准本已高妙绝伦,而一大批南朝文人聚拢到东宫,则进一步将宫体诗发扬光大。他们在萧纲的倡导下成立了东宫

❶ 选自《乐府诗集·清商曲辞七》。

文学集团,合力编纂了一部流芳千古的《玉台新咏》,该书被认为是南朝宫体诗的代表性集录。宫体诗用词轻艳,且不乏对男欢女爱的露骨描写,曾一度遭到来自世俗的颇多诟病。可是,中国人的两性情感第一次受到如此大胆的礼赞,它深刻地影响着后世的文学创作。

侯景之乱打破了江南的安详与宁静,随着梁武帝萧衍和简文帝萧纲被杀,建康文化陨落了。不过,南朝文化并未就此消沉,继之而起的是梁元帝萧绎的江陵文人集团。

萧绎生于508年,因患有先天性眼疾,致其一目失明,可这丝毫没有妨碍他对知识的渴求。萧绎终日手不释卷,刻苦攻读,文学、经史、天文、历算无不涉猎。虽然有时受制于生理缺陷,他不得不命侍者从旁朗读,但令人惊奇的是,明明他已在床上鼾声如雷,每当侍者读错或遗漏,他总能及时醒来指正。

萧绎很早就加入了宫体诗的写作行列,但他觉得哥哥萧纲的"文学放荡论"完全不能尽意,因此,他结合自己的审美取向,提出了"绮縠纷披,宫徵靡曼,唇吻遒会,情灵摇荡"的"情灵摇荡论",在更大的程度上延续了宫体诗的意境。

萧绎也写过一首同名《采莲曲》,诗曰:

碧玉小家女,来嫁江南王。
莲花乱脸色,荷叶杂衣香。
因持荐君子,愿袭芙蓉裳。❶

一位小户人家的采莲女,嫁入宫中做了王妃。她面色粉嫩如莲,身上还残留着荷香,手持一枝盛放的荷花向着夫婿轻声撒娇,只为讨要一件芙蓉般漂亮的衣裳。

萧绎爱好诗赋,自然乐于结交文人。任职湘东王期间,他将荆

---

❶ 选自《乐府诗集·清商曲辞七》。

州一带的名士礼聘入府,授予要职。这些人包括:词情典丽的颜之推、才华过人的刘臻、号曰"神童"的刘祥、达于时政的裴政、博涉书史的明克让、聪慧有至性的司马皓、弱冠有令名的柳裘、专擅星象的庾季才、十二岁能赋诗的鲍宏、国子学出身的何妥、一夜便可写就《龙川庙碑文》的宗懔,等等。

荆州士人也乐于把萧绎看作知己,常有文人向其投诗递赋。一次,江南文士颜之仪向萧绎呈献了一首《荆州颂》,盛赞湘东王治下的荆州达到了物华天宝、人杰地灵的繁盛局面。萧绎读完大为叹赏,亲笔回复道:"西汉的枚乘复生,东汉的应贞再世,亦不过如此。我若得到这样的才子,生而无憾!"遂把颜之仪召入江陵,等待任命。

文化具有无形的聚合力,共同的品味和追求可以在君臣之间搭建起一致的思想,历史上一幅幅人才济济的图景就是这样被营造出来的。也许这就是建康籍士人在侯景之乱后,乐于投奔江陵的原因吧。

萧绎六岁时开始收集各类图书典籍,待到称帝之年,他的自有藏书已近八万卷。萧绎在江陵宫城东侧修建了一座竹殿,用于收纳古今图书,并委派专人进行归类保管。侯景之乱平定后,萧绎命人将建康收集到的公私藏书七万余卷运抵江陵,他的藏书总量史无前例地达到了近十五万卷。

当此之时,随着士人西奔和书籍西运,中华文明千余年的精髓略显拥挤地定格在江陵,这里俨然成了汉族文化聚集的不二之地。

不过,经历了丧乱的梁朝,国力大不如前,宫体诗的写作意境遭到了极大破坏。虽然文人们还会不时抒发男女之情,但一种令人耳目一新的诗风初露端倪。

一次聚会上,尚书左仆射王褒创作了一首《燕歌》:

初春丽晃莺欲娇,桃花流水没河桥。
蔷薇花开百重叶,杨柳拂地数千条。

陇西将军号都护,楼兰校尉称嫖姚。
自从昔别春燕分,经年一去不相闻。
无复汉地关山月,唯有漠北蓟城云。
淮南桂中明月影,流黄机上织成文。
充国行军屡筑营,阳史讨虏陷平城。
城下风多能却阵,沙中雪浅诋停兵。
属国小妇犹年少,羽林轻骑数征行。
遥闻陌头采桑曲,犹胜边地胡笳声。
胡笳向暮使人泣,长望闺中空伫立。
桃花落地杏花舒,桐生井底寒叶疏。
试为来看上林雁,应有遥寄陇头书。❶

该诗以深沉的笔调描绘了塞北的苦寒之状,通过刻画士兵征战的艰苦和妇人企盼丈夫平安归来的深情,倾诉着对和平生活的向往。

梁元帝及诸文士皆被感染,竞相应和凄切之辞,哀声一片。

多年后,当人们重读王褒的《燕歌》时,发现它居然精准地预言了江陵士人未来的命运!

❶ 选自《艺文类聚·乐部二》。

江陵围城

> 554年,西魏发兵围困江陵。梁元帝采取了错误的防守战略,致使局面非常被动。而江陵的地理位置,也严重影响了救援的进程。面对西魏的大举攻伐,梁廷的皇帝公卿该如何是好?

554年10月19日,梁元帝萧绎在龙光殿开设讲坛,亲自为群臣阐发《老子》一书的宏义。

中国古代的皇帝一向喜欢在拗口的先贤书籍中探求治国方略,并且通常在儒、释、道三教中做着非此即彼的选择。当梁元帝发觉其父萧衍遵循的儒教和释教保命尚且困难之后,似有回归道教之心。可是,自魏晋以来,玄之又玄的道学思辨早已显露出不切实际的弊端,那些超然物外的主张根本不能提供切实可行的统治策略,所以一旦统治者对老庄思想跃跃欲试,几乎毫无例外地堕入空谈虚议的深渊。梁朝大乱初平,本该修缮法度、鼓励耕织、富国强兵,梁元帝却煞有介事地思考《老子》的玄机,难免误入歧途。

554年11月19日,萧绎讲授正酣,突然接到西魏大军将至的情报,他慌忙召集公卿百官商讨对策。领军将军胡僧祐、太府卿黄罗汉道:"西魏与我通好,没有产生矛盾,消息应该不实。"从西魏回来不久的使臣王琛,对此积极附议。梁元帝将信将疑,命王琛再次出使西魏,探听虚实。王琛走到石梵(今湖北钟祥),因没有见到魏军的影子,便匆忙派人回报说:"我已到石梵,一切安好,军情不过儿戏罢了。"实际上，此时西魏大军正在他前方一百多公里的樊邓境内向南急遽行进。

梁元帝接报长出一口气，召集群臣续讲《老子》。不过，鉴于敌情尚未彻底解除，萧绎令百官身穿军服听讲。一本五千字的书籍宣讲月余仍然意犹未尽，不知在博大精深的名义下能够注解出怎样的精辟道理？

各方情报纷至沓来，梁元帝终于意识到战争临近了。他恋恋不舍地放下书本，开始实施战争布局。梁元帝把江陵城一分为二，命领军将军胡僧祐都督东城，尚书左仆射王褒防守西城，并派出信使，紧急征招镇守建康的车骑大将军王僧辩和身处岭南的广州刺史王琳率兵来援。然而，令人费解的是，当郢州刺史陆法和奏请出兵勤王时，梁元帝却命令他："我们自能破贼，你只需守好郢州，不许乱动！"距离都城最近的一支援军就这样被拒绝了。

554年12月14日，西魏大军浩浩荡荡地抵达江陵，迅速形成包围之势，一场轰轰烈烈的梁都保卫战由此拉开了序幕。

对于西魏来说，这是一次处心积虑的战争。早在两年前萧绎刚刚称帝之时，西魏就想趁其立足未稳打他个措手不及，只是准备尚不充分，未敢冒然南侵。553年，梁朝雍州刺史、岳阳王萧詧因屡受梁元帝攻伐，几近走投无路，遂向西魏割地称臣，请求魏军南下助其取得梁朝帝位。

时任西魏大行台尚书的长孙俭将萧詧来投视为一次千载难逢的伐梁时机，乃向实际统有西魏军政权力的大丞相宇文泰仔细分析了南征的可行性："江陵位于长江以北，距我不远；萧绎即位三年，没有东迁的意愿；骨肉相残，民心涣散。而我方国库充盈，不匮军资。况且兼并弱者、攻击愚昧，正是用武的最佳途径。"所以，这位熟练掌握了天时、地利、人和三位一体分析法的西魏谋臣，强烈建议宇文泰尽快夺取荆襄之地。宇文泰深受启发，暗中调兵遣将，筹备伐梁事宜。

554年11月，宇文泰终究下定了伐梁的决心，他任命柱国大将军于谨为主帅，中山公宇文护、大将军韦孝宽、大将军杨忠为副帅，总领五万大军，与岳阳王萧䇕兵合一处，共讨江陵。

为了干扰梁元帝的判断，魏军出征前不久，宇文泰还盛邀梁朝文学名士、散骑侍郎庾信，前往西魏都城长安讲学游历，以示两国交好不犯。所以，当梁元帝最初接到北方军情时，尚对其真实性怀有疑意。

西魏大军即将南下之时，谋臣长孙俭问主帅于谨："如果你为萧绎谋划，将会如何应对我方的攻击？"

于谨答道："萧绎若留精兵镇守荆州，带领百官直奔建康，是上策；若把军民移到内城，集中力量固守城防，等待援军，是中策；若不移军民，死守外城，是下策。"

长孙俭问："你认为萧绎会用哪种策略？"

于谨答道："必用下策！"

但是，于谨想错了。他完全没有料到，面对黑云压城的西魏大军，梁元帝竟然勇敢地使用了"下下策"。萧绎不但分散兵力把外城当作驻防对象，而且多次派兵出城迎敌！然而，人高马大的北朝军队绝非徒有其表，几阵下来，梁朝损兵折将，不得不转攻为守。

西魏主帅于谨命令军队沿着城池筑起高高的土围，隔断了江陵内外一切联络。不过，在最初的日子里，魏军并未急于求成，而是保持着围而不攻的状态。

554年12月27日夜晚，梁元帝巡视城防。他登上城楼，眺望着不远处的敌营，敌营的灯火与天上的星光交相辉映。梁元帝立即陶醉在这难得一见的壮丽景象之中，诗兴大发，脱口便是几首应景的小诗。随行官员也是技痒难忍，应声附和。突然，梁元帝猛地从衣袍上撕下一块布帛，奋笔疾书道："吾忍死待公，可以至矣！"这条再也无法送出的手喻是写给建康守将王僧辩的，梁元帝等待援军的急切心情跃然帛上，表面的优雅到底难以掩饰内心的恐惧。

江陵围城

江陵北迁南士

武昌太守朱买臣眼见江陵危在旦夕，想起了当初反对迁都最为执着的两个祸首，正是他们的自私让梁朝蒙此大难。朱买臣按剑进言："请陛下斩杀宗懍、黄罗汉，以此向天下人谢罪！"梁元帝默然良久，乃道："定都江陵本来就是我的主意，他二人又有什么罪过？"朱买臣悻悻而退。

尽管梁元帝自承了拒绝迁都的责任，但以江陵为都城的隐患已经暴露无余。此地不但无险可守，而且对于救援也极为不利。

当信使携带着梁元帝的旨令抵达建康后，车骑大将军王僧辩虽以最快的速度完成了兵力集结，但无论逆江而上的水路，还是一千五百余里的陆路，都成了发兵解围的最大障碍。王僧辩熟读《孙子兵法》，经过一番深思熟虑后，他派出两支精兵直取汉江，想要通过断敌归途的方式缓解江陵危机。然而，西魏对此早有防备，王僧辩的策略没有起到应有的效果。

同时，另一支由广州刺史王琳统帅的援军也面临类似的不利局面。岭南距离国都两千余里，经过半个月的急行军之后，王琳领兵抵达了长沙。此时士卒皆已乏累，王琳悲伤地发现如果继续强行赶路，将与历代兵家反复强调的基本作战原则格格不入，因为疲惫之师攻击以逸待劳的强敌无异于自寻死路。王琳只得驻兵长沙，以求恢复军队的战斗力。对于北上的援军来说，面临的困境不仅如此，如何打造船只抢渡长江，也让这位满腹韬略的将领一筹莫展。

王琳军中有位名叫裴政的士人，时任黄门侍郎之职。自侯景之乱时，他便跟随王琳转战江南，后来又陪同王琳驻守岭南。面对停留在长沙无法前进的援军，裴政万分焦灼。为了给江陵守军送去希望，他自愿走小路赶往都城，向梁元帝通报消息。可是，当他潜行到百里洲（今湖北枝江）时，被魏军捕获了。

岳阳王萧詧提审了裴政，规劝道："我是武帝的孙子，难道不可以做你的国君吗？你何必为了萧绎赴死呢？如果你能臣服于我，保你一家荣华富贵。如若不然，定斩不赦！"

裴政点头道："谨遵您的命令。"

萧詧将裴政带到江陵城下，说道："你向城中喊话，就说王僧辩得知江陵被围，已自立为帝。王琳形单势孤，不能来救。"裴政马上应允了。随后，他仰起头，冲着城中阔别多日的国君和曾经共事的同僚高声喊道："援兵马上到来，大家定要坚守！我因前来报信被擒，自当碎身报国！"任凭一旁的监军猛击他的嘴，裴政依旧声嘶力竭地反复高呼。

在这个皇权瞬息万变的南北朝时期，忠君爱国的思想非常淡漠，而裴政的喊声似乎提前呼唤着一个新时代的到来！

萧詧怒不可遏，下令将裴政处死。一位名叫蔡大业的参军阻拦道："此人乃民心所望。杀了他，荆州永远不会属于您了。"萧詧强压怒火，收回了命令，不再为难这位闭眼待戮的君子。

555年1月7日，辛亥日。按照五行所属，辛主金，亥主水，似乎预示了江陵必是金戈相加、流血漂橹的一天。

西魏大举攻城！

元帝焚书

在江陵陷落的前夜,梁元帝下令将十四万卷古今图书全部焚毁,造成了中国历史上最大的"书厄"。中华文化会就此绝迹吗?

雷鸣般的战鼓蚕食着人们的心理防线,呼啸而过的羽箭控诉着铁血的文明,不同口音的喊杀声昭示着民族兼并背景下的不共戴天。此刻,所有人都成了凶狠的刽子手,一声声凄厉的惨叫在江陵的城垣上回响,生命变得异常廉价。

西魏自认国运为水德,因此士兵穿黑服。每当密密麻麻的魏军攻城时,犹如遮天蔽日的乌云,令人窒息。梁元帝深知这是一场生死之战,既往的历史已经明确告诉他,在斩草除根的权力攫取模式下,亡国之君绝少善终。因此,他不辞辛劳,携同皇太子萧方矩一起登临城楼,为守军鼓舞助阵,群臣也尽皆加入了战斗队列。

领军将军胡僧祐是江陵城内唯一的高级武职,他身先士卒,全力督战,以明晰的赏罚措施,竭力唤醒将士的斗志。守军各抱必死决心,多次杀退西魏强大的攻势。可是,在这个短兵相接的紧要关头,梁元帝不知出于何种目的,突然命令胡僧祐率领大队人马杀出城外与敌人展开贴身肉搏,结果仍是一如既往地溃败。

当盔歪甲斜的梁军退回城内之后,梁元帝不禁大惊失色,适才的乱战里,统兵核心人物胡僧祐被一枝无情的冷箭射杀了。萧绎无法接受这个残酷的现实,扑上前去放声痛哭,真挚的哭声动摇着军心。

555年1月10日,在梁朝各路援兵依旧不见踪影且失一主将的情况下,魏军再次发起了志在必得的强攻,攻势之猛似乎使得江陵城都在恐惧中颤抖!

对于经历过建康之战的东人来说,眼前的景象是那样熟悉,相隔四年,不同地点,两度围城,人生的无常远远超出了他们的想象。奉命镇守西城的王褒是纯粹的文人,尽管他在侯景之乱时因成功安抚建康军心而饱受赞誉,但吟诗的喉咙发出的号令终归缺乏将领应有的威严。加之梁朝实行募兵制,士兵通常为衣食参军,进一步增加了王褒的统领难度。

傍晚时分,一支哗变的队伍偷偷打开了西城的城门,外城陷落了。

梁元帝及太子、公卿逃进内城,勉强构筑着最后的防御。可是,由于事发突然,很多外城的军民和物资来不及撤入,内城的守备力量异常薄弱,情势岌岌可危。

梁元帝自知大势已去,命尚书郎、驸马都尉柳裘前往西魏营中求和,咨询西魏退兵的条件。尚书郎是柳裘的官职,驸马都尉在南北朝时期则是授予皇帝女婿的姻亲称号,所以柳裘算得上皇亲国戚。然而,他的这一身份颇让胜券在握的西魏主帅于谨不以为然。于谨明确地拒绝了柳裘的和谈请求,提出梁元帝若是真心求和,需要按照当时通行的"质子"规则办理。

梁元帝接到柳裘的回报之后,非常犹豫,他不想"质子",因为一旦如此,便失去了所有的退路。萧绎想到了"侄子",他宣召汝南王萧大封和晋熙王萧大圜上殿,命他二人分别充任正使和副使,再赴敌营请和。

萧大封和萧大圜都是简文帝萧纲的儿子。当初侯景屠杀梁朝皇室成员时,晋熙王萧大圜藏匿在建康附近的一座寺庙里,逃过一劫。叛乱平定后,他来到江陵,并致书哥哥汝南王萧大封,劝其入朝称臣,萧大封遂以领地来归。兄弟二人唯恐梁元帝有所猜忌,平日里谢绝访客，深居简出，仅以读书为业，不想值此国难当头之际竟为萧绎驱驰奔走。

想必西魏主帅于谨在问明萧大封、萧大圜的身份后，定会怀疑是自己浓重的北方乡音引起了萧绎的误解。他不得不一字一板地重申，所谓"质子"，必须质押梁元帝的太子，"侄子"无法启动和谈。

又是一个不眠之夜！

梁元帝慢慢地站起身，在宫中信步而行。他沉默不语，知道一切的拖延手段不过是自欺欺人的把戏。回想着有生以来的成功和失败，思考着即将到来的厄运，萧绎多么希望能够凭借自己的才学找到一条转败为胜的妙计啊，哪怕仅仅让他渡过眼前的难关也好。可是，连日来寝食难安加之糟糕的心情致使他难以发挥聪明才智，在这个最需要良谋的时刻，他痛恨自己的束手无策。

一抬头，梁元帝发现自己来到了东阁竹殿。殿里整齐地摆放着他多年积聚的图书典籍，足有十四万卷之多。萧绎伸出手臂，轻轻地抚摸着写满字迹的简帛，心里涌起了一阵阵酸楚。他蓦地转过身，命令正在恭迎圣驾的舍人高善宝将殿中的古今图书全部焚毁！高善宝吃惊地望着皇帝的面庞，萧绎的神情让他不敢产生丝毫的怠慢，他照办了！

冲天的火光映红了远古的夜空，翻滚的浓烟遮蔽了秦时的明月！可惜那些经由数十代人呕心沥血地苦思、撰写、誊抄、编纂出来的珍版和绝版书籍，虽然逃过了秦始皇焚书坑儒，躲过了王莽焚典，避过了西晋秘阁大火，熬过了千年的腐朽和虫蛀，却在江陵付之一炬！

几近崩溃的梁元帝跟跄向前，想要纵身火海殉书，宫人和侍从紧紧地抱住了他。萧绎挣扎着抽出宝剑，用剑脊猛击廊柱，剑身应声折断，他仰天大呼："文武之道，今夜全完了！"而后，虚弱地瘫坐一旁。

"文武之道"，这个可以追溯到公元前1000年的词汇，因为准确地概括了周文王和周武王的治国策略而受到历代统治者的尊崇,帝业能像周朝一样延续八百载无疑是一件值得向往的盛事。"文王以文治,武王以武功""一张一弛,文武之道",先贤将文武并称,本希望后人因地制宜、因时而用,可笑梁元帝偏文废武,却以"焚书""折剑"控诉古人失策,他当真读懂了文武之道吗?

焚书后的梁元帝斗志全无,准备写表请降。武昌太守朱买臣进谏道:"城中兵力尚存,若乘着夜色突围,敌人势必惊慌,我们可以从薄弱的地方杀出,投奔援军。"梁元帝的情绪已经低落到听不进任何积极建议的地步,他摇头道:"此事难成,失败的话,只会增多一次耻辱。"转身咨询尚书左仆射王褒,王褒也觉得为今之计,只剩一降。

梁元帝收起了所有的花招,派王褒带领太子萧方矩先行出城,晋见于谨。随后,他去掉了皇帝的仪仗,穿上白衣,骑上白马,在晨曦中打开东门出降。当他行进到门洞时,抽出腰中佩剑猛砍城门,悲怆长叹:"不想我萧世一族,竟然到了这步田地!"

魏兵牵过缰绳,用一匹驽马换掉萧绎的骏马,将他带至西魏大营。梁元帝正式向于谨行礼请降,一个简单的仪式后,江陵城中的守军集体放下了他们紧攥了一个月的武器,江陵之役结束。

天空阴沉,北风萧瑟,雪花簌簌飘落,掩盖了地上凝固的血迹和横七竖八的尸体。《老子》曰:"师之所处,荆棘生焉。"尽管此书没能帮助梁元帝守住城池,但它对战争的评价是那样正确。暂归平静的江陵并不比战时更祥和,人们四处寻找着被敌军冲散的亲人,嗷嗷待哺的孩子趴在母亲遗体上不住地啼哭,饥寒交迫的百姓时而扑倒路旁。

西魏攻城期间,中书郎殷不害奉命督战一处卫所。梁元帝弃甲投戈后,他赶回家中,发现老母失去了踪迹。殷不害预感不妙,一边哭泣,一边寻找。他跳下沟壑,抚掉每一位死者脸上的冰雪仔细辨认,经过七天苦苦地搜索,才最终找到了母亲的尸体。殷不害号啕大哭,几度晕厥,路人见状也禁不住掩面拭泪。

至于梁元帝萧绎,虽然他以投降的方式结束了战争,但还是遭到了囚禁。在这个人人自危的时刻,晋安王谘议参军姚僧垣依旧侍奉在萧绎身旁,不肯远离半步。姚僧垣是一位久负盛名的医生,他曾治愈包括梁武帝萧衍在内的诸多南朝王公大臣的疾病。初时,梁元帝患有心腹疾病,其他医生都建议使用平药,唯独姚僧垣力主用猛药:"陛下之病乃宿食积滞所致。您脉象洪实,必须用大黄方能根除。"萧绎服用了大黄汤剂之后,果然病症痊愈,因而重赏姚僧垣金钱百万。

既然平时君主不吝褒奖,危难时刻臣子怎可惜命?姚僧垣誓与皇帝共存亡。但是,魏人却不能接受他的忠君行为,几位将官走上前来,强行将姚僧垣架出门外。姚僧垣不断挣扎哀求,但终不得入。他徘徊良久,号泣多时,方拜别离去。

梁元帝身处幽困之中,知道难逃一死,索性以诗言志,先后创作了四首绝句。其一为:

松风侵晓哀,
霜雰当夜来。
寂寥千载后,
谁畏轩辕台。❶

据《山海经》载,西方大荒山中有一座轩辕台,台上供奉着黄帝的神位,射箭的人害怕触怒黄帝的威灵,都不敢向西射。在那些孤独寂静的深夜,梁元帝听着风儿吹过松林,感受着刺骨的霜冷,他不停地追问,为什么曾经盛极一时的梁国竟然沦落到这等任人宰割的地步?难道轩辕台上黄帝的威灵不再庇护他的后世子孙了吗?也许这正是梁元帝最值得同情的地方,他在生命的最后时刻,想到的不只是自身的安危和亡国的惨恨,却仍在为一个民族的沦落而浩

---

❶ 选自《南史·梁本纪下第八》。

叹。他那看似迂腐的吟诗行为,又何尝不是汉族文治对异族武功的最后抗衡?

西魏将官不能通晓梁元帝的诗意,但非常羡慕他博学,当然也就更加不解地问:"你为什么要焚书?"

梁元帝答道:"读书万卷还是不免今日下场,所以焚之。"

贵族精神萌芽于乱世,可谓生不逢时。然而,当它注定走向毁灭时,还有什么比这更让人扼腕叹息呢?

555年1月27日,梁元帝萧绎和太子萧方矩被西魏转交给岳阳王萧詧,萧詧迫不及待地杀死了他们。

在江陵原址上,萧詧被西魏拥立为梁朝的皇帝(即梁宣帝)。可是,该政权的诞生方式从一开始就决定了它毫无独立性可言,仅是西魏的附庸而已。

士人北迁

> 西魏的"均田制"对奴婢有大量需求,导致江陵官员和百姓被迫北迁长安。在北迁之路上,这些国破家亡的梁廷士人将会经历怎样的创伤?

551年,王僧辩被任命为大都督平定侯景叛乱以及后来坐镇建康期间,他把儿子王颁、王颙、王颂等家属留在江陵,以示自己绝无二心。

建宁侯王琳领兵平叛过程中以及镇守岭南期间,也将夫人蔡氏和儿子王毅留在国都,用以消除梁元帝的疑虑。

南朝历史上拥兵自重的军事政变给统治者带来的威胁不亚于外敌入侵,皇帝掌控高级武将的家眷,便是不得已而为之的策略。《孙子兵法》有言:"将在外,君命有所不受。"可是在梁朝,这句用兵的根本要义成了形同虚设的一句空话。梁元帝宁愿牺牲军队的应变能力,也不敢放松对武将的节制。

552年,另一位高级武将陈霸先领命征虏将军驻守京口(今江苏镇江)期间,梁元帝同样要求他把儿子陈昌和侄子陈顼一并送至江陵陪王伴驾。陈霸先接旨后,叫来了手下参军毛喜,要他护送子侄前往江陵。毛喜品行端直,性情稳重,遇事不乱,深得陈霸先信赖。所以,临行之时,陈霸先叮嘱陈昌、陈顼二人:"你们到了西都,凡遇不决之事,定要征询毛先生的意见。"

梁元帝见陈霸先适时遵守了武将权力质押规则,非常开心,分别授予陈昌员外散骑常侍、陈顼近卫领直、毛喜尚书功论侍郎的官职,意在表明这只是一次正常的人事调度。

553年12月10日,陈顼的夫人柳敬言在江陵生下了一个男孩,取名陈叔宝,小字黄奴。黄奴意即黄狗,一个独具特色的汉人乳名,却因一"奴"字,也预示了些许不祥。

江陵失陷后,梁朝这些驻外武将的家属全部落入了西魏手中。原本用来扼制武将的举措,此时却带来了一个极其惨痛的后果。当各路勤王大军接获西魏破城的消息后,他们突然停下了救援的脚步。王僧辩、王琳等人十分担心西魏将会伤害他们的亲人,从而产生了投鼠忌器的心态,以致没有胆量赶到两军阵前与敌人拼死相杀。至此,江陵的国君、官员、降卒和百姓彻底失去了被解救的希望。

尚书左仆射王褒、尚书左丞沈炯、尚书郎柳裘、吏部尚书宗懔、中书舍人刘臻、中书侍郎明克让、通直散骑侍郎鲍宏、太史庾季才、记室参军刘祥、散骑侍郎颜之推、中书郎殷不害、黄门侍郎裴政、太子庶子司马皓、晋安王谘议姚僧垣、诵书何妥、汝南王萧大封、晋熙王萧大圜、宣武王之孙萧吉、鄱阳王之孙萧该等梁朝公卿,尽皆沦为丧国之臣。

几位在江陵定居或等待授官的名门望族之后,如陈郡谢贞、南阳乐运、琅琊颜之仪、河内司马延义、吴兴姚最、蜀川何稠,也全数成为南冠楚囚。

除了左户尚书周弘正等少数几人冒死潜出重围,逃奔建康之外,整个梁朝官僚集团几乎被一网打尽。

江陵大获全胜的消息传到了西魏都城长安,大丞相宇文泰异常兴奋,这应该是他掌控西魏大权近二十年来,最值得庆贺的一件事。当然,他必须遵守臣子之礼,将此事象征性地禀奏魏恭帝拓跋廓。拓跋廓是北魏孝文帝拓跋宏的曾孙,自从北魏东西分裂之后,他被宇文泰立为西魏的皇帝。但是,拓跋廓并没有实质性的权力,只被

保留了一套相对完整的皇帝身份而已。大丞相宇文泰多次想过废帝自立，但是他不敢贸然行动。在这个变幻莫测的时局里，任何微小的差错都可能导致整个帝国的全面崩塌，所以宇文泰隐忍着自己的野心，不但沿袭了北魏时期的所有典章制度，而且尽可能不去触动和修改。

"凡年满十五岁以上，男子授给露田四十亩，女子授给露田二十亩，超过七十岁归还政府。奴婢依此标准授田，人数不限，土地归奴婢主人所有"。西魏这条被称为"均田制"的土地分配制度，承袭自北魏。均田制是北方游牧民族为了适应农耕社会而采取的主要措施之一，由于它相对巧妙地解决了北朝的土地问题，一定程度上促进了异族政权的发展。可是，其中针对奴婢授田的规定，表明它依然残留着奴隶制的原始特征，因此也引发了一类相当独特的历史现象。北朝军队外出打仗，不仅抢夺资源和土地，通常还要劫掠人口。男为奴，女为婢，在均田制的保障下，奴婢主人可以无偿享有他人的人生，这激励着北朝奴役他国的欲望。

梁元帝被杀之后，西魏无视梁宣帝萧詧的惊讶和反对，在江陵挑选出近十万青壮年男女，经过简单编组后，当作战利品驱往长安。而那些年龄超过七十岁的老人和低于十五岁的孩子，因为不符合西魏法定授田标准，遭到了魏军残忍地屠杀。

同时，西魏乐见萧詧处于一种孤帝无辅的状态，梁元帝的公卿自然不会留给他，因此，江陵士人集团必须一并北上。

隆冬时节，白雪皑皑，北迁的队伍出发了。人们回望着世代生活的土地，相拥而泣。奈何敌人的刀枪在颈，他们只能一步一回头地踏上了一千五百多里的北迁之路。

这是一条奴役之路，又是一条死亡之路。越是接近北方，天气越寒冷，江陵的人们时而在凛冽的风雪里冻饿而死，时而在狭路的狂躁驱赶中践踏而亡，人数锐减了十分之三。

有位刘姓士人，原居江东。侯景之乱时，他的家人死亡殆尽，只剩一个数岁的小儿,与他相依为命。后来,父子二人辗转来到江陵,本想在天子脚下苟活残生,却没料到西魏侵梁。刘士人及其小儿被一位名叫梁元晖的魏军头目俘获了,梁元晖见刘士人能够识文断字,便想把他押回北方家中充任记账文奴,于是这对可怜的父子被迫加入了北上的队伍。孩子年龄幼小,不堪长途跋涉,刘士人只能背着前行。可是,道路冰雪泥泞,刘士人渐渐体力不支。梁元晖勒令丢掉孩子,但刘士人爱子心切,坚决不肯,自愿入北后做牛做马,唯求勿伤其子。梁元晖犹豫了很久,想到前路漫漫行程艰险,还是一把夺过孩子扔到雪中,用棰杖击杀了。刘士人一声惨叫,痛苦的哀嚎撕心裂肺。此后的数日里,刘士人边走边哭,终于倒毙路旁。梁元晖显然受到了极大震撼,他的神情开始恍惚,眼前总是闪现刘士人伸手讨要孩子的景象。即便他反复忏悔求饶,仍然没有效果。过了不久,梁元晖也死了。

在这样一个极端的非人环境下,一位文质纤弱的南朝士人竟然用哭声唤醒了一位孔武有力的北朝将官的良知,悲惨的结局里总算闪现了一丝人性的光芒。

相较于普通士人和百姓,梁朝的公卿受到了一定的照顾。自江陵城破之日起,西魏大丞相宇文泰几次下令,要求善待梁朝官员及其家属。可即使这样,对于这批南朝士大夫来说,整个北迁之路仍是苦不堪言。

散骑侍郎颜之推途中突发脚疾,无法继续行走,魏军给他配备了一匹瘦马代步。颜之推是文人,不惯骑马,相信那匹瘦马突兀的脊骨定会让他受尽折磨。

然而,肉体的痛苦还是次要的,对于这群心灵敏感的士人来说,国破家亡的精神创伤让他们根本无从面对。昔日的达官显贵,今日的丧国之臣,这该是多么巨大的反差!故乡渐行渐远,异国逐步临近,道路的尽头等待他们的又是怎么样的命运?

文化的载体有两个:一是书籍,二是文人。那夜,当江陵城内焚

书的火光照射到西魏户部尚书唐瑾眼中时,他难掩痛惜之情。唐瑾是北朝汉人,平日喜欢阅读南朝的经史和文学。此次,他奉宇文泰所差,跟随主帅于谨南征,负责出谋划策。当魏军接管江陵后,其他人都在哄抢金钱珠宝,唐瑾却一无所取,只是收罗了两车书籍,小心翼翼地载运回家。

西魏主帅于谨进入江陵城后,也是即刻传令抢救各类图书典籍。虽然只找到可怜的四千卷,仍然派人送回长安。

无论怎么说,书籍的缺位都会让人遗憾。不过,这在一定程度上却增加了南朝文士的价值。因为北朝若想获取他们垂涎已久的纯正汉族文化,只能通过尊重和保护江陵北迁南士的方式才能实现。

群贤毕至

江陵北迁士人受到了西魏的优待,但由于西魏奉行"大诰体"文化政策,南士群体的价值遭到埋没。他们初入异国,将如何面对南北文化之间的差异?

公元280年,西晋消灭江南的孙吴政权,结束了东汉末年魏、蜀、吴三分天下的局面,完成了中华领土的短暂统一。当时,孙吴境内有一对名叫陆机、陆云的兄弟,皆世之大才。西晋毁其旧国后,二人潜归家乡隐居。九年后,陆氏兄弟再也不能忍受那种怀才不遇的痛苦,携手来到西晋都城洛阳。他们的学识立即轰动了西晋文坛,以致世人奔走相告:"晋朝征伐孙吴,最大的收获就是得到了陆机、陆云!"此后,"二陆"成了俊贤的代名词。

西魏给江陵南士举行的接风宴会异常隆重,大丞相宇文泰看着数十位抵达长安的梁朝公卿,大喜过望。他自豪地说:"当初晋伐吴,不过得到二陆而已。现今平定荆州,群贤毕至,可以说远远地超过了前人!"

宇文泰是一位颇具理性的胜利者,始终保持着适度的理解与宽容。他热情地接见了每一位江陵北迁士人,极力拉近同他们的距离。宇文泰对王褒说:"家母姓王,我是王氏的外甥,您便是我舅氏一族,所以请您不要因为远离家乡就把自己当外人。"

随后,宇文泰来到梁朝宗室萧大封、萧大圜面前,他出人意料地行了主客之礼,意思是西魏讨伐梁朝就是为了请诸公前来作客,此举让在场的所有人都为之动容。

宇文泰是汉化的鲜卑人，虽然无法确定他对汉族文化的熟悉程度，但他待人接物的真诚是如此令人折服，与华而不实的梁元帝相比，宇文泰的人格魅力可谓大放异彩。

王僧辩、王琳和陈霸先等南朝武将的家眷也受到了特别的礼遇，这群用自己的生命为亲人忠诚度作保的人员，原本就是梁朝缺乏政治互信的牺牲品。宇文泰明白他们处境的无奈，同时也知道把这些人照顾得越好，来自南朝的军事压力会越小。

宴会结束时，宇文泰宣布授予多位江陵南士车骑大将军、仪同三司等官阶。所谓"官阶"，不同于官职，获得者只可享有品阶待遇，而不具备相应的职事，属于没有实权的虚官。可是，战败国的官员能够无偿领受战胜国的俸禄，算得上很高的优赏。

在安顿好抵京的梁士之后，宇文泰想到了一个人。姚僧垣因其高超的医术早已名满天下，却没有出现在入北的名单里。宇文泰派出使臣赶往江陵，向主帅于谨问询姚僧垣的下落。

当时，于谨仍旧驻扎在荆州，为了防止附属的萧詧政权兴风作浪，做着最后的部署。当于谨接到大丞相征调姚僧垣的手令后，他给出了一个明确的答复："我年龄大了，疾病缠身，如今得到此人，想要把他留在身边寻医问药。"宇文泰闻报，果断将姚僧垣赐予了功勋卓著的于谨。

在抵达长安后的很长一段时间里，南士们的心中充满了绝望。优厚的待遇丝毫不能减轻在异国的陌生感，不同的风俗习惯也加剧了他们的思乡之情。尤其让他们难以适应的是，孝文帝的汉化政策虽然持续了数十年，但北方的文化依旧未曾摆脱蛮荒落后。在巨大的文化差异面前，南士们无法找到可供安慰自己的归属感。

南北朝时期的文化有其特殊性，它承担着一种与以往朝代不同的衡量和判别任务，也就是无论一个国家的经济、军事多么强大，只要文化落后，便会遭到他国耻笑。因此，各国的执政者都很重视文化的发展。

西魏建立之初,大丞相宇文泰曾经针对文章的写作风格与他的统治集团展开过几番讨论。梁朝文化的繁荣局面是有目共睹的,但宇文泰并不打算效仿江南,因为梁人的文风实在太奢华了。严格的骈丽和对仗、大量的典故和辞藻、过度的夸张和写意,这种文体使得崇尚务实的宇文泰难以忍受。

最终,宇文泰决定师法西周时代,将《尚书》中《大诰》一文的语言,确定为西魏官方文件的基本书写体例,称之为"大诰体"。《大诰》被认为是公元前1000年前,周公姬旦在讨伐淮夷叛乱之前,发表的一篇动员文告。宇文泰希望通过这种独树一帜的文化复古办法,实现对南朝文化的追赶和超越。可是,宇文泰并不知道,虽然大诰体具有行文淳朴、说理简洁的优点,但古老的文体并不适合书面表达。北人的文化根基本就薄弱,佶屈聱牙的古汉语一定会让他们痛苦不堪。更不幸的是,西魏取得江陵之役的胜利后,大诰体的权威性反而得到了进一步强化。因为军事的胜利,通常会被误解为各领域的同时胜出。

江陵北迁南士的处境变得异常尴尬,他们才华横溢,却因为南北文化之间的不同价值取向而承受着让他们无比心寒的非议。特别是他们最擅长的宫体诗,其创作的合理性遭到了北人的反复质疑,男女之情仅在床笫,何必去描写男人的魂牵梦绕和女人的以身相许?

南朝的诗赋对于北朝来说,带有无法破译的时代封缄,其真正价值要等到盛唐时代才能被彻底发现。

若不是精通星象的庾季才引起了大丞相宇文泰的注意,南士群体的价值还将大打折扣。宇文泰对庾季才可谓一见如故,不但授予他梁时的太史之职,而且还赏赐他一处住宅、十顷水田、牛羊什物以及奴婢。宇文泰对庾季才道:"卿是南方人,不习惯北方,所以赏你这些东西。希望你能断绝南望之心,对我以诚相待,我必将以富贵

群贤毕至

相答。"不料，庾季才领赏后却变卖了所有的物品，替那些沦为奴婢的亲朋好友赎身。

宇文泰得知此事大为震怒，认为这是对他恩典的公然亵渎。他宣召庾季才，质问道："你怎能如此对我？"

庾季才慨然应答道："臣听说，三国时曹操攻克襄阳，因得到名士蒯越而开心；西晋讨平建业后，因得到俊才陆机而愉悦。攻打他国，选求贤能，这是亘古之道。如今江陵倾覆，便是元帝有罪，可士大夫家族何错之有？为什么旦夕之间都成为卑贱的奴婢？鄙人身为亡国之臣，不敢献言，但我真为他们感到哀伤，所以才去赎购。"

宇文泰毕竟是一代英豪，庾季才话音未落，他便幡然悔悟道："我错了！若不是先生提醒，我差点让天下人失望！"当即下令，赦免数千名江陵俘虏的奴婢身份。

这是一个很好的开端，此后二十多年里，北迁的江陵百姓分四批得到了解放，此为第一批。

跟随梁士入北的还有与他们息息相关的故事。当宇文泰听闻裴政江陵城下喊话的事迹后，感动地久久不能自已。宇文泰确信，裴政对梁元帝的忠诚是一种需要超越敌我立场进行评价的可贵品格，不但不该受到指责，反而应该大加赞赏。

宇文泰召见了裴政，哪怕只是简短的交谈，已令这位西魏主政者大感惊喜。裴政十五岁仕梁为官，兼备地方和中央的行政经验，多年的军旅生涯也给他的履历增色不少。最让宇文泰心动的是，裴政熟知历代典章制度，尤其擅长律法。对于即将实施体制变革的西魏来说，裴政乃是急需的人才。宇文泰随即授予裴政员外散骑侍郎的官职，并把他安排在自己的大丞相府里随时候命。

西魏的官制承袭自北魏，既有柱国大将军之类的胡人军事编制，又融合了诸如大丞相一类的汉人职称，导致整个职官体系相当混乱。早在十年前，宇文泰便有意进行一场官制改革，可是由于缺乏相关人才，一直没能付诸行动。裴政的到来给了宇文泰莫大的勇气,他决定重启官制改革,要求裴政依照《周礼》一书的记载,帮助西魏建设六卿体系。《周礼》的作者被认为是西周时期的周公,尽管此书的许多篇章很可能源于后人的附会,只因作者被冠以先贤之名,便具备了引人入胜的效法魅力。

裴政看懂了大势,他曾为一个王朝舍生忘死,对于先君已是问心无愧。此刻,他需要穿上异国的朝服,为那满腹的学问找到最终的依归。

在裴政的改造下,冢宰、司徒、宗伯、司马、司寇、司空的六卿体系和公、卿、大夫、士的爵禄标准,清晰地出现在西魏的职官体系中。经过一番详细的参酌讨论后,西魏依此颁行。不久后,裴政再次奉命撰写朝仪条例,明确了官员乘车、衣物、用度等方面的等级规范。

西魏这一整套官制改革影响深远,堪称隋唐三省六部制的先声。

虽然西魏一方对南士沈炯彬彬有礼,又给他开府仪同三司的待遇,但他非常惦念江南年迈的母亲,几乎无法抑制想家的愿望。沈炯每天关闭宅门,不与任何人交游。即便写了文章,也是立刻销毁,唯恐西魏贪恋他的才学。

一天,沈炯独自出游。在途经汉武帝所筑的通天台时,他拾级而上。沈炯极目南眺,望眼欲穿,可恨那缭绕的云雾遮挡了他的视野,层叠的山峦隔绝了他的目光。沈炯涕泗横流,悲嗟长叹,千里之外的母亲可还安好,不孝的孩儿何时才能再见您一面?

沈炯再也无法抑制胸中的情感,他取出笔墨,书写了一篇赋文,而后递入西魏朝中,倾吐自己的思归之意。其辞曰:

臣闻桥山虽掩,鼎湖之灶可祠;有鲁遂荒,大庭之迹无泯。伏惟陛下,降德猗兰,纂灵丰谷。汉道既登,神仙可望。射之罘于海浦,礼日观而称功;横中流于汾河,指柏梁而高宴。何其甚乐,岂不

群贤毕至

然与？

　　既而运属上仙，道穷晏驾。甲帐珠帘，一朝零落。茂陵玉碗，遂出人间。凌云故基，与原田而膴膴；扶风馀趾，带陵阜而茫茫。羁旅缧臣，能不落泪！

　　昔承明既厌，严助东归；驷马可乘，长卿西返。恭闻故实，窃有愚心。黍稷非馨，敢望徼福。但雀台之吊，空怆魏君；雍丘之祠，未光夏后。瞻仰烟霞，伏增凄恋。❶

　　不知大丞相宇文泰拿到沈炯这份精美绝伦的汉赋体奏章时作何感想，但他经过许久地观察，早已明白沈炯终不会为自己所用。当初宋子仙的屠刀尚且难改其志，高官厚禄的收买自是徒劳。既然如此，又何必刁难一位思家的孝子？

　　不久后，宇文泰特许沈炯南归。

---

❶ 选自《南史·沈炯传》。

南北变局

　　江陵之役后,南朝陷入了武将争权的混乱。西魏在大丞相宇文泰死后,也出现了权力纷争。最终,宇文护操纵长安政权,废"魏"立"周"。面对权臣当道的北周政局,南士们又该何去何从?

　　王僧辩、王琳、陈霸先三支梁朝遗留下来的主要军事力量,拒绝承认江陵萧詧政权的合法性。通过引狼入室的方式夺取帝位,就算不值得痛恨,也因萧詧将自己陷入附庸状态而彻底失去了拥戴价值。推举一位真正能够代表梁朝的皇帝,给接二连三遭受苦难的汉族政权寻找一线生机,成了南朝各方势力的共同诉求。

　　一开始,王僧辩、陈霸先、王琳联合选定了梁元帝第九子晋安王萧方智继承大统。不料,计议已定之后,王僧辩临时改变想法,自作主张地将梁武帝的侄子萧渊明推上了皇位(即梁闵帝)。陈霸先对此极为愤慨,多次下书,抗议王僧辩的言而无信。然而,王僧辩却若无其事地漠视了陈霸先的种种不满。

　　按照以往,此时正是该文官系统起作用的时候,通晓古今的朝廷公卿自会比照既往的历史,确定皇位的合理继承人。可是,当南朝整体性丢失了士人集团后,将领们不得不依赖自身的专长思考问题,武力成了讨论国事和得出结论最具说服力的手段。555年10月24日,陈霸先从京口发兵十万,大举征讨位于建康的王僧辩。两天后,城破,王僧辩被擒。虽然王氏立刻表示赞成陈霸先的主张,但这样的答案已经无关紧要——陈霸先缢死了他。梁闵帝萧渊明退位，晋安王萧方智继位（即梁敬帝），陈霸先总揽朝政。

长沙是广州刺史王琳的休兵之处，后来成了他的主要军事据点。陈霸先处置了王僧辩后，连续给王琳写信，邀请他入朝称臣，共同辅佐梁敬帝。王琳则率领军队向陈军发动了几次突袭，以示自己的不从之意。可是，兼并了王僧辩之后，陈霸先的实力大增，王琳的攻击如同隔靴搔痒。

由于哭得太久，南士王颁晕厥了将近一顿饭的时间，才慢慢苏醒过来。父亲王僧辩遇害的消息对于他和他的两个弟弟王顗、王颃来说，不啻于晴天霹雳。因为父亲的惨死不仅意味着丧失亲人，还预示着他们今后在长安的生活也将大受影响，西魏必然会减少那些出于对王僧辩的忌惮而额外赠予他们的优待。兄弟三人穿上孝服，高搭起灵堂，遥祭父亲的在天之灵。王颁更是在自己的床榻上铺满蒿藜，每晚寝草而眠。此后数年里，王颁只吃素食，以近乎卧薪尝胆的举动，下定了为父报仇的决心。

情势变化是这样迅猛，对于王氏兄弟来讲，从前的故国瞬间变成了敌国。如果说此前他们时刻期盼南朝崛起，父亲早日将他们救离虎口，那么此后他们反而渴望西魏强大，有朝一日借北朝之兵，向陈霸先兴师问罪。

然而，西魏的发展也不是一帆风顺。556年，大丞相宇文泰巡视北境，途中忽染重病，一卧不起。宇文泰预感大限将至，急召四十三岁的侄子宇文护做临终嘱托："我的儿子都很年幼，外敌却还强大，国家之事就交给你了，希望你能完成我的志向。"病榻之侧不见儿子，国家事务交给侄子，这是宇文泰吸取历史教训，弥留之际做出的最后抉择。三国时期刘备白帝城托孤的往事虽然一向受到民间赞许，但睿智的统治者已然发觉了其中的危害。托孤之举极易带来令人胆寒的政治杀戮，许多毫无实权的皇帝和来不及掌权的少主，会在辅政大臣的野心之下死于非命。所以，倘若权力移交有误，不只给国家造成混乱，也会给子孙带来灾难，宇文泰拒绝步入托孤的陷阱。

但是，宇文泰对侄子宇文护的突然器重，很可能只是死亡骤降时的应急措施，因为宇文护并没有得到太多预设性培养，以致他最突出的功绩不过是江陵之役时率领一支骑兵打先锋。在一场重大的灭国战争里，类似的成就完全不足挂齿。因此，宇文泰去世后，暴得大权的宇文护根本没有服众的威望。在西魏朝臣的反对声中，宇文护不得不违心地将大丞相之职让渡给宇文泰的嫡长子、十五岁的宇文觉继承，而他本人则以大司马的身份辅政。宇文泰苦心孤诣的"让贤"终究被莫名其妙地转换回"托孤"，注定了长安政权内部将要发生一场残忍地政治杀戮。

557年2月15日，大司马宇文护强迫西魏恭帝拓跋廓将皇位禅让给大丞相宇文觉（即孝闵帝），废除"魏"之国号，建立"周"朝，史称北周。随后，宇文护杀害了废帝拓跋廓。同年，北周孝闵帝宇文觉在亲信的怂恿下，密谋铲除辅政的大司马宇文护，然而机事不密，宇文觉反被宇文护杀死。

经过两次弑帝之后，宇文护权势剧增，职位从大司马升任大冢宰，军政独揽，势压群臣，北周自此迎来了一段权臣当道时代。不过，碍于实权派的威慑，宇文护仍然不敢篡位，只能另立宇文泰的庶长子、二十三岁的宇文毓为帝，是为周明帝。北周暂时维持住君权和相权的微妙平衡。

面对长安政局的变故，远迁而来的江陵南士普遍看不到前景。在一个深秋季节，王褒到黄河北岸出游，看着眼前这片气氛萧索的大地，他的心头涌上阵阵悲凉。王褒用深沉苍劲的笔调，写了一首《渡河北》：

秋风吹木叶，还似洞庭波。

常山临代郡，亭障绕黄河。
心悲异方乐，肠断陇头歌。
薄暮临征马，失道北山阿。❶

对故国的思念是那样让人肝肠寸断，乱世里的人生到底何处是方向？黄河北岸层峦叠嶂的山丘如此令人迷惘，夜色来临，失去了自我！

在南士群体里，这种对未来不确定性的担忧持续发酵，终于引发了一个意外事件。

北周阳平公名叫李远，因久慕南士颜之推的大名，便想把他招入自己所在的弘农郡掌管文书。李远将此事奏请北周朝廷之后，很快得到了批准。于是，颜之推及其家人沿着黄河，踏上了去往弘农的道路。当时正值雨季，黄河水位暴涨。一天暮夜时分，颜之推趁监送人员不备偷到一条小船，然后连同家人一起顺流而下，驶向了东方的北齐境内。

侠客重艰辛，夜出小平津。
马色迷关吏，鸡鸣起戍人。
露鲜华剑彩，月照宝刀新。
问我将何去？北海就孙膑。❷

在这首题为《从周入齐夜渡砥柱》的诗歌中，颜之推将自己的东逃之举比作战国时期孙膑从魏国投奔齐国，或许他认为自己在北齐能够得到更加广阔的发展空间吧。

北齐文宣帝高洋欣喜地接待了这位意外来投的南朝名士，酒席宴上，双方相谈甚欢。当高洋得知颜之推东逃途中曾夜渡黄河里最

---

❶ 选自《初学记》。
❷ 选自《文苑英华》。

为艰险的砥柱水域之后,赞以"勇决"二字。随后,高洋将"奉朝请"的官号赠与颜之推。

"奉朝请"一词最早出现在春秋战国时期,意思是可以定期参加朝会。不过,该职位在南北朝时期已经演变成一个有名无实的散官称号,获得者只可定期领取俸禄,并无具体职权。然而,一位亡命天涯的南朝文士便可惊动北朝的一国之君,足见文化独立于政权之外,遵循着自身的一套成败法则。

北齐始建于550年,文宣帝高洋在父亲高欢和哥哥高澄掌控东魏十余年的基础上,废掉东魏皇帝元善见,立国而成。高洋执政早期,修法驭民,重用贤能,因此政治较为清明,国力也相当不俗。但是,这样的大好局面没能一以贯之。高洋统治后期,纵欲酗酒,残暴滥杀,致使北齐政局急转直下,逐步走向衰落。颜之推不曾想到,在未来的岁月里,他的东逃之举将会带给他无尽的惊恐和苦恼。

南北变局

校书麟趾

周明帝宇文毓当政后,开设麟趾殿,对江陵北迁南士进行了初步起用。但不久后,周明帝遭到了大冢宰宇文护的毒杀。身为远迁而来的南士们对此会无动于衷吗?

江陵之役爆发时,正在西魏出访的梁朝散骑侍郎庾信被扣留在驿馆内,失去了自由。西魏大举南侵的举动让他坐卧不宁,而后他更加吃惊于同江陵公卿在长安的聚首,因为这意味着母国已亡,他南返愈加无望了。

梁武帝时期,庾信以其文章的绮艳自成一家,每有作品问世,朝野内外争相传诵,后学之辈追逐模仿。然而,羁旅长安的岁月里,他接到的却是碑文的请托,每有北朝的王公大臣过世,庾信被要求用他那原本润色宫廷文书的手笔,歌颂毫不相熟的死者。可是,对于个人才学受到如此暴殄天物的使用,庾信并不十分惋惜。因为相较于其他百无聊赖的南士,这毕竟是一条书写的途径。

礼而不用到底算是优待,还是惩罚?江陵北迁士人已经懒于区分。只是那种无所事事的焦躁与文化自我繁殖欲望之间形成的抵牾,迫使他们不断追问,难道仅仅因为军事上的失败,就可轻易断言南朝文化一无是处?然而,长安政权以"周"为国号似乎回答了他们所有的困惑,这是一个执意要复古到西周的王朝。任何对先秦文化的后续解读,均遭到了彻底否定。

唯一忙碌的南士当属裴政,他在帮助西魏建设六卿官制后,职位由先前的员外散骑侍郎提升为刑部下大夫。北周朝廷很快交给他一个新任务,就是依据上古的《周律》,为北周编订一部法典。这是继大诰体文化政策、六卿官制体系之后,长安政权采取的又一项重大革新。

裴政熟知历代法制思想,每当遇到修法难题,他总能给出合理的解决方案,故而受到北周王朝的信赖与重用。裴政参与编制的这部法典名曰《大律》,又称《北周律》,共一千五百三十七款,合为刑名、法例、逃亡、系讯等二十五个篇目。由于头绪甚多,耗时整整三年才告修成,继而颁行北周全境。

随后,裴政转任少司宪,从一位法律制定者变为执行者,负责刑事案件的审理和判决。既然北周仿效西周,那么裴政就在司法实践中坚持奉行周文王和周武王"明德慎罚"的法制思想。对于那些十恶不赦的罪犯,他依然心怀怜悯,甚至破例准许他们的妻子和孩子近身探视。这种对法律的理解和施用令那些作奸犯科之辈也大为感动,很多罪犯被处决前一刻,口中犹念:"裴先生判我死刑,死无所恨!"

裴政喜欢喝酒,有时候忙完公务,他会拿起酒杯自斟自饮。远离了大堂审判的喧嚣,往事很容易沉渣泛起,在宁静而孤独的后堂,他想一醉方休,可是喝完数斗,头脑反倒更加清醒。假如先帝萧绎也积极推进社会变革,结果会怎么样呢?他不住地摇头叹息。

裴政的能力和贡献是显而易见的,他让北周认识到,原来梁朝的俘虏同样可以担当大任。而南士们皆是各擅其技的饱学之士,长久的弃置不用也不符用人之道。

北迁后的第四年,江陵南士群体终于迎来了一个转机。

558年,自周明帝宇文毓被大冢宰宇文护立为北周皇帝之后,他对国家的现状进行了深刻反思。宇文毓警醒地察觉到,将一个国家的发展模式生硬地套入一副古老的治理框架,并不意味着就此走上了臻于郅治的康庄大道。西周时期,周公姬旦为年幼的周成王辅

校书麟趾

政，七年后归政于王，那是怎样的政通人和！可是如今，虽然一切参照西周建制，但大冢宰宇文护辅政下的弑帝之举又待何解？以复古的旗号掩盖昭然若揭的权力暴行，难道不是自欺欺人吗？于是，在周明帝心中，那种假借追慕先贤圣主而弃南士不用的做法，失去了立论的依据。加以周明帝喜欢阅读汉人书籍，对文章写作亦感兴趣，因此，他决心要给整个南士群体提供一个大显身手的机会。

北周对江陵北迁士人大范围的起用是以麟趾殿的成立为标志的。"麟之趾，振振公子，于嗟麟兮"，语出《诗经·周南》。意思是，有蹄却不踩大地的麒麟啊，脚趾就像周文王的公子一般尊贵！这首诗歌一贯被认为具有王者之风，周明帝从中取"麟趾"二字命名一座大殿，一方面强调了在大冢宰独揽大权的情形下，自己才是真正的"王子"，另一方面也反映了周明帝试图建立一所文教机构，从而达到"王化天下"的目的。

庾信、王褒、庾季才、颜之仪、明克让、柳裘、宗懔、鲍宏、萧大圜、姚最等江陵北迁士人一并被征召为麟趾学士，任务是考校图籍、刊定经史。虽然不免大材小用之嫌，但南士们终于在北周的政权里成功地迈出了第一步。

宇文氏靠戎马起家，在连年征战的情况下，无暇从事真正意义上的文化建设。所以，当南士们满腔热情地走进麟趾殿的大门时，他们看到了极为寒酸的一幕。这个占领了三分之一华夏大地的北周王朝，藏书总量却仅有惨不忍睹的八千卷，其中的四千多卷还是从江陵抢运而来。当然，这也意味着麟趾学士们的日常工作相当轻松。

庾季才由于当初受到大丞相宇文泰的赏赐而家资丰厚，又因他虚职之外还有太史的实职，相对于其他南士则更为富裕，且他替亲友赎身的举动彰显他不计金钱小利的慷慨气度，所以他很容易成为友谊的核心。自从兼任麟趾学士之后，庾季才经常挑选良辰吉日在家中开办酒席，以文会友。南士们都知道庾季才的天文历算乃是一绝,他挑选的日子一定最适宜相聚,所以尽数前去捧场。这应该算得上南士们最快乐的时光,共同的经历使得他们不肖言语,只需聚在一起便是彼此最大的鼓励与安慰。同时,这种近似于梁朝时期的相处方式,在一定程度上也拉近了他们同江南故乡的距离。

萧大圜深信佛门因果,所以当他在麟趾殿里意外发现四十卷《梁武帝集》和九十卷《简文帝集》时,才不至于太过悲喜交集。这两部分别由他的祖父萧衍和父亲萧纲撰写的文集,最初应是保存在建康的宫殿中,侯景之乱后被运至江陵,江陵城陷后来到长安,跟许多入北梁士的命运相似。可是,无论佛家思想如何禁止一个人保持正常的喜怒哀乐,萧大圜都难以心平气和。此番与祖辈和父辈才情的不期而遇,让他想到了全盛时期的梁朝以及数年里江南经历的惨祸,所以任他念遍佛法,终是泪流不止。在接下来整整一年的时间里,萧大圜用他能达到的最美的书法,将两套文集一字不落地誊抄了一遍。他是在与自己的爷爷和父亲对话,就像当年他为了躲避侯景屠杀,藏在建康的善觉寺里每天与佛祖对话一样。

实际上,在周明帝的规划中,麟趾殿里的南士们还被设计了一个隐含身份——待诏,顾名思义,等待诏命。所以,麟趾殿除了文教职能外,还兼具储才的性质。它的这一特性,为北周后来的强大积累了知识和智慧。

一次御园宴饮时,周明帝征调王褒从游。那是一个花香掩映的春天,正当觥筹交错之际,周明帝要求王褒作诗。王褒是南朝有名的文士,纵情诗赋的能力是何等高超,以致他顷刻而就的一首首意境悠远的小诗,频频打动这位年轻帝王的心扉。最终,周明帝的创作激情也被诱发了出来。

玉椀承花落,
花落椀中芳。
酒浮花不没,

花含酒更香。❶

在这首题为《和王褒咏摘花》的诗中，周明帝闻着花香和酒香，第一次享受到权力之外畅快淋漓的闲适与高雅。自此以后，他与这群江陵文人再也须臾难离了。

可是，好景不长。正当江陵北迁南士对未来满怀希望之时，北周再次发生了一件令他们无比震惊的事情。

560年5月30日，周明帝宇文毓因吃下涂有剧毒的食物，突然暴亡。众多证据表明，背后的凶手就是大冢宰宇文护。对于当道的权臣来讲，二十六岁的皇帝年龄实在太大了，而且宇文护不能容忍周明帝为改变自己的境况做出的各种努力。

周明帝之死轰动了北周朝野，人们对大冢宰连弑三帝的罪行议论纷纷。可是，随着宇文护权势日隆，北周朝臣的态度却渐趋暧昧了，"这是您的家事，听从您的安排"成了他们置身事外的借口。

江陵南士手无寸权，没有能力改变北周的现状，但是他们非常同情周明帝的遭遇，还是想要做些尝试。最终，南士司马皓决定通过一种迂回的方式，阐述对长安政局的看法。

一天，司马皓书写了一份奏章，递入北周朝堂，声称自己在江陵时曾担任太子庶子一职，负责管理皇太子萧方矩的教化和生活。可是，梁太子被杀后，埋葬方式过于草率，既不符合南朝礼制，又不符合北朝法度。为了尽到一位宫臣最后的责任，司马皓恳请北周能够准许他回到江陵为梁太子改葬。

司马皓的书奏写得慷慨激昂，很快收到了答复："主父偃被汉武帝诛杀时，孔车不顾风险为其收尸；彭越被刘邦灭族时，栾布不忘恩义为其哭丧。司马皓乡国已改，仍然怀有往日旧情，可证其具备忠贞之心和为臣之道。当敕往荆州，依据礼法安葬梁太子。"司马皓携带着朝廷的批文，启程南下。他以自己的无畏之举，完成了对北周

---

❶ 选自《艺文类聚·木部上》。

众臣的最大嘲讽。

对于已故的周明帝,南士们始终怀有感激。通过多年后庾信创作的一首五言诗,依然能够读到他们对周明帝的思念:

北原风雨散,南宫容卫疏。
待诏还金马,儒林归石渠。
徒悬仁寿镜,空聚茂陵书。
竹泪垂秋笋,莲衣落夏蕖。
顾成始移庙,阳陵正徙居。
旧兰憔悴长,残花烂熳舒。
别有昭阳殿,长悲故婕妤。❶

大意为:我们奉周明帝的旨意,在麟趾殿里一面校书,一面等待诏命,大家其乐融融。周明帝含恨而终,对于我们来说,就像昭阳殿里得宠的嫔妃,因突失人君而悲痛无助。

周明帝过世后,麟趾殿并未停止运作。或是为了继续推行文教工作,麟趾殿的基础设施还在进一步扩建和完善。

一日,麟趾殿前挖掘了一口水井。南士宗懔为此赋诗一首:

当为醴泉出,
先令浪井开。
铜新九龙殿,
石胜凌云台。❷

这首不痛不痒的诗犹如入北后的宗懔一样强颜欢笑。宗懔知道,无论昔日的江陵同僚,还是现在的北周朝廷,皆因他力劝梁元帝

---

❶ 选自《文苑英华·和登宇文内史入重阳阁诗》。
❷ 选自《初学记·麟趾殿咏新井》。

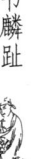

定都江陵，对他敬而远之。个人的私心毁灭了整个国家，这是永远无法弥补的过错，宗懔只得以一种假装淡然的姿态过活。

在那些悔恨难熬的时光里，宗懔撰写了一本《荆楚岁时记》，详细记述了江陵一带自正月初一至腊月除夕，一整年的岁时节令和民间风俗。荆楚是宗懔的故乡，原来他是最想家的一位，只是无法对人诉说。

武帝当国

周武帝宇文邕继位后,为了与大冢宰宇文护争夺权力,加大了对南士的笼络和使用。可是,南士们手无实权,他们将以怎样的方式协助皇权政治呢?

公元前256年早春的一天,一位名叫刘媪的妇人在水畔小憩,忽有蛟龙伏到她身上,致其怀孕生子,此子即是后来的汉高祖刘邦。刘邦如此奇特地描述他的孕育方式,似乎是要证明他像远古的帝王那样拥有与众不同的神秘血统。殷商的王族就曾认为他们的祖先是由一位名叫简狄的妇人吞下玄鸟卵怀孕而生,姬周也追认自己的祖先是由一位名叫姜原的女子踩踏巨人脚印致孕而诞。直到南北朝前期,君王们在回答何以具备统领众生的资格时,仍然力图从母亲的独特受孕方式角度,讲述一个个荒诞不经的故事。不过,随着人们确定父亲才是母亲怀孕的根本原因之后,帝王们不得不对此类神迹的发生时间做出修改。

西魏大丞相宇文泰忠实地承认自己的血缘来自生父宇文肱,但为了暗示自己贵不可言,他宣称母亲王氏怀孕五个月时,曾梦见抱着孩子飞向天空。此外,宇文泰还言之凿凿地强调,当他降生时,有一团伞盖大小的黑气覆盖着他稚嫩的身体,使其不会受到任何伤害。古人认为"天玄地黄",黑色代表天,黄色代表地,宇文泰巧妙地引导着人们想象黑气的来源及意义。

543年,宇文泰的第四子宇文邕生于同州,母亲为叱奴氏,庶出。

本来在上有嫡长兄宇文觉、庶长兄宇文毓、庶次兄宇文震的情况下，他无缘帝位。不料，周明帝毒发身亡之际，紧急下诏由他继承北周皇位。十七岁的宇文邕遂于560年5月31日登基，是为周武帝。

"有神光照室"，周武帝给自己添加的出生异象简短而直白，基本可以断定来自多年后的杜撰。但是，通过后来的历史发展情况看，他确实是一位与北周皇帝宝座完全匹配的天子。

继位后的几年间，周武帝一直活在恐惧中。为了避免像之前的皇帝一样惨遭大冢宰的毒手，他采用了两条策略：其一，对宇文护言听计从，让对方没有必要杀他；其二，搞好同宇文护及其家人的关系，让对方不忍心杀他。周武帝装扮出明澈见底的真诚，努力打消大冢宰的一切顾虑。

然而，集军政大权于一身的宇文护绝非庸碌之辈，他已经看出年少的周武帝正在一丝不苟地表演韬光养晦，也能感觉到与此前的皇帝相比，这位堂弟显然更加聪明。有心除之，却已不敢轻举妄动，因为北周的朝臣和百姓已经不能接受再有皇帝遇害了。所以，在没有十足篡位把握的情况下，宇文护只好假意受惑于周武帝的兄弟情谊，维系着表面亲密的君臣关系。不过，他的心中仍有忐忑。

一日，大冢宰宇文护专程邀请太史庾季才入府一叙，闲聊间探问道："近来天道可有什么征兆吗？"

庾季才听懂了宇文护的用意，略作沉思后，答道："我深受国恩，若不说实话，便同木石一般无情。自从您辅政之后，天象有变，对宰辅大为不利，您最好把权力归还天子，以年老为由，在家乐享清福。一则可以延百年之寿，再则可以像历史上的周公和召公一样，因鼎力辅政和适时归政而流芳百世。您的子孙必大受封赏，家族可以永保福禄。如若不然，结局就非我所知了。"

宇文护半晌无言，而后说道："我早就打算按你的意思做，只是皇帝不准许我辞职啊。你是朝廷命官，以后我们就按照正常的规矩办事，私下不再见面。"此后，对庾季才甚是疏远。

但是，庾季才却不肯罢休，既然大冢宰有意倾听天道，为了回报大丞相宇文泰的赏赐之恩，他决心再试一次。庾季才写了一封书信，将发生在北周境内的种种灾祥异象做了认真整理，并给出了详尽地谶纬分析，以近乎恐吓的行文，极力奉劝宇文护顺天应人、返政归权。然而，他把信笺递入冢宰府之后，却没有收到任何回应。

宇文护成长于行伍之间，从来对文化提不起兴趣，尤其当他在江陵亲见一位呼天呛地的皇帝带领着一群惊慌失措的朝臣俯首请降后，他对文化原有的认识再被强化。在宇文护看来，吟诗作赋无非是文人之间百无一用的聒噪，麟趾殿里那群误国文人完全不识时务，他们手上校对的书籍也许只配当作燃料；至于天道，信则有，不信则无。

周武帝宇文邕属于半途得位，加之年纪很轻，所能拥有的军政权力非常有限。可是，整日承受煎熬当然不只为活下去。宇文邕知道，一旦大冢宰实力丰满，自己早晚面临一死。只有绝地反击，才是求生之路。因此，周武帝开始暗中团结所能团结的力量，用以壮大和巩固君权。

赵王宇文招、齐公宇文宪、卫公宇文直、谯公宇文俭、滕公宇文逌皆是宇文泰的儿子，因在大冢宰的淫威下与周武帝处境相似，他们自愿与君权结成同盟。这些王公拥有一定的官爵和封地，且能调动一部分军队，而且凭借皇族身份作掩护，在同宇文护的斗争中还不至于引人注目。因此，他们成了周武帝最为倚重的一股势力。

江陵北迁南士能够引起周武帝的关注，并不是什么令人意外的事情。尽管南士们在北朝没有政治根基，但倘使只把他们看作无足轻重的文人显然是不对的。因为他们的身后站立着十万江陵奴婢，而且这些昔日的梁朝士大夫仍是江陵北迁百姓引以为傲的楷模，故而南士的向背成了一个不容小觑的政治风向标。

562年，周武帝宇文邕继位两年后的一天，他发布了一条诏书："汝南王萧大封、晋熙王萧大圜，均系梁朝子孙，应当给予优厚待遇，

且须依据条例分封爵位。萧大封封为晋陵县公,萧大圜封为始宁县公,食邑各一千户。"同时赐给二人大量田宅、奴婢、牛马和粟帛,优渥的封赏表明这一切绝非口头承诺。

周武帝将梁朝皇族成员纳入北周爵位系统,意在表明长安政权放弃了针对萧梁的敌意,南士可以在同等规则下,得到与北人一致的功勋认定。爵位通常可以世袭,是余荫子孙的最佳途径,对于极为重视家族门第的南士而言,周武帝的这一举措实在体贴入微。

此后数年里,因功得爵的南士很多。庾信被封义城县侯,柳裘被封昌乐县侯,庾季才被封临颍县伯,明克让被封历城县伯,王褒被封石泉县子,刘臻被封饶阳县子,刘祥被封汉安县子,颜之仪被封平阳县男。

565年,周武帝再次下诏:"年龄在六十五岁以上,籍没为官奴的江陵人,必须依据此令放免。年满七十岁的江陵私奴,所在辖区政府应将其赎为平民。"

官方掌管的奴婢称为官奴,个人拥有的奴婢称为私奴,所有权存在差异。周武帝以年龄为限对江陵奴婢采取放赎政策,轻巧地绕开了多重阻力。即便最可能遭遇反对的私奴赎买措施,也没有遇到任何抵制。因为按照均田制标准,七十岁以上的奴婢已经不能继续领受土地,加上他们体弱多病,或是早已成为主人的负担,而政府却愿意为他们出钱赎身,简直皇恩浩荡!

尽管此次释奴带有明显的委曲求全的特征,但是原本牢不可破的奴婢所有制出现了松动迹象,正是北周奴隶制崩溃的前兆。也许老年奴婢离开主人家门并不表示就此过上了幸福生活,但他们告别了终生为奴的低贱身份,耻辱有了尽头。

除了以上这些颇具针对性地取悦江陵人的政策外,周武帝及诸皇弟在行权过程中还偷偷地启用了几位南士。

刘祥被召入齐公宇文宪的府邸,担任记室参军一职,负责处理公文书记事务。这是一个只有足可信赖的人方能获得的职位,因为往来文书中存在大量不能外传的秘密,记室参军必须守口如瓶。

此外,齐公宇文宪还将麟趾学士姚最安置在府中担任水曹参军。这一调用颇为大胆,麟趾学士虽是文职,但毕竟属于国家官员,公员私用则是极端的违制行为,宇文宪一定得到了周武帝的暗中授权。而之所以偷用姚最,其中隐藏着皇权的一个重大谋略。姚最是名医姚僧垣的儿子,自从姚僧垣被宇文泰赏赐给于谨之后,于谨对这位南朝士人格外器重。二人虽保持着主仆的名分,但私交笃厚,胜若知己。于谨统兵数十载,北周许多武将出其麾下,堪称一位能够左右时局的实权人物。因此,周武帝希望借助姚僧垣和姚最的父子关系,拉近皇权同于谨的距离。

一天深夜,赵王宇文招披衣而起,想要一探究竟,近日来就寝之后隐约传来的啼哭声让他非常困惑。赵王寻声而至,发现哭泣之人乃是新近入府的一位侍读,名字叫作谢贞。

谢贞是东晋著名宰相谢安的九世孙,藉由祖上显赫的地位,谢氏在南朝历史上兴盛异常。谢贞十四岁时,其父谢蔺过世。谢贞竟抱着与父共死的想法守丧,不停哭嚎且拒绝饮食。家人规劝无果后,请来了一位禅师,以"母须侍养,不宜自毁"为由相告,才勉强让谢贞惜命保身。侯景之乱后,建康世族沦丧,王谢堂前燕,四散分飞,十八岁的谢贞赶往江陵谋求出路。依照南朝惯例,谢贞能够凭借祖上的门阀资格获得一定的职位。可是,未及入仕,他便成了北上之囚。

当赵王宇文招略带恼怒地询问他因何啼哭时,谢贞哽咽着诉说了实情。他的母亲身在江南,无人奉养,所以忍不住伤心落泪,打搅了王爷美梦,罪该万死。

北周本没有"孝"的概念,政治层面的复古也完全忽略了孔孟之道,而类似汉代"罢黜百家、独尊儒术"的文化洗礼更是无从谈起。可是,"人同此心,心同此理"的人类通感帮助宇文招跨越了民族理

解的障碍,他向谢贞动情地许诺:"假如有一天寡人出居藩,一定放你回家!"

"出居藩",就是去往封国居住。然而,这一条件并不容易达成。大冢宰宇文护为了防止皇权势力坐大,一律禁止诸王外镇。于是,就像其他反感宇文护的南士一样,谢贞也时刻盼望着大冢宰尽快垮台!

人质外交

> 大冢宰宇文护辅政时期，利用江陵俘获的陈朝皇室成员，同建康政权展开"人质外交"，继而获得了大片南朝领土。在周陈外交期间，南士们又经历了哪些事情？

557年11月12日，南朝陈霸先撕掉辅政的伪装，强迫由他拥立的梁敬帝萧方智禅位于己，建立了陈朝。

陈霸先称帝后，依据传统大赦天下、更改纪元、册立后宫。可是，当他准备分封子女的时候，隐痛终被触及。陈霸先已有六个儿子，但多数夭折，只剩一个陈昌，却困在周人之手。陈霸先多次派遣使臣前往长安，请求北周归还江陵掳走的儿子陈昌和侄子陈顼，均是无功而返。北周清楚地知道，陈霸先的家眷乃是一笔难以估量的政治财富，总是口头答应送还，却迟迟不见行动。陈霸先万般无奈，只得遥封儿子陈昌为衡阳王，侄子陈顼为始兴王，聊以自慰。

令陈霸先苦恼的事情还不止这一件，来自梁朝遗将王琳的军事攻击也让他头痛欲裂。王琳是一位坚定的复国主义者，主张回归梁时的旧秩序，因此，陈霸先的废梁自立之举，招致他强烈愤慨。陈朝建立后不久，王琳将梁元帝长孙、永嘉王萧庄立为皇帝，誓与陈霸先分庭抗礼。王琳的实力不算强大，但陈霸先不得不调动大量军队随时应对王琳的突袭，根本无暇做出更大的图谋。

王琳的存在对陈朝起到了牵制作用，这一局面对北周非常有利。所以，大冢宰宇文护备足一份厚礼，命人将王琳的夫人蔡氏和儿子王毅送还，以期激励王琳继续战斗。

江陵北迁南士因为对梁朝怀有旧情，也都赞成王琳的义举，通过书信表达敬佩之意。一次，在收到王琳的回信后，庾信写下了一首诗：

玉关道路远，
金陵信使疏。
独下千行泪，
开君万里书。❶

庾信通过描绘展读王琳信件时的悲喜交加之情，感怀彼此的友谊，抒发着重建梁朝的愿望。

陈霸先病逝于559年8月9日，他至死未能摆脱王琳的攻击，也没能盼回自己的儿子。陈霸先只得将皇位传给侄子陈蒨，是为陈文帝。

不料，僵持多年的陈朝人质问题此时竟然意外地出现了转机。北周大冢宰宇文护决定遣送陈霸先之子、衡阳王陈昌回归江南！

衡阳王陈昌的人生充满了无奈，他因父亲陈霸先是武将而被送到江陵奉驾，接着又被西魏俘至长安。父亲戎马一生打下的江山轻松落入堂兄之手，而他作为陈朝的唯一亲子继承人却与皇位失之交臂，命运的作弄让陈昌深切痛恨着自己遭遇的一切。在返国前写给陈文帝的信中，陈昌丝毫没有掩饰他的咬牙切齿，他以极为傲慢的语气提醒侥幸得位的陈文帝——脱袍让位的时候到了，准备好交接仪式吧。

560年5月5日，在南朝使者的接应下，陈昌来到长江北岸。他只需渡到对面，便可脱离苦海。天水之间，轻风拂面，二十三岁的陈

---

❶ 选自《艺文类聚·人部十三·寄王琳》。

昌登上了南下的渡船。他凝视着不远处的江南大地,心中涌动着豪迈之情,或许他还在设想着一套振兴陈朝的计划。

当船只突然漏水时,身处江心的陈昌一定陷入了惊恐之中。他不识水性,又错会了人性,过早地来到南归之路的终点。他溺死了。

陈文帝用哭声掩盖着自己的凶狠,并通过厚葬堂弟减轻着不为人知的歉疚。不过,北周意图挑起陈朝子侄争位的阴谋,也随之埋葬了。

陈昌的死讯很快传到长安,南士毛喜陷入了深深的自责。当年他奉主帅陈霸先之命带往江陵的两人,如今一人已殒,一人仍留北方,而他自己也因身不由己,只能眼睁睁地看着惨剧发生。想起主帅交付的重托,他悲不自胜。

大冢宰宇文护看穿了毛喜的心思,文化赋予南士的使命感是他们为数不多的弱点,宇文护决定利用此人弥补因陈昌身故而落空的北周外交策略。宇文护召见了毛喜,并做了如下表示:只要陈朝开出的条件足够优厚,北周愿意将始兴王陈顼送归建康。而且,如果毛喜答应从中撮合,北周可以立即放他南返。

始兴王陈顼是陈霸先的侄子,又是陈文帝陈蒨的同胞弟弟,假使能够把他营救回国,对主帅和自己都是一个交代,毛喜同意照办。

毛喜很快回到建康,向陈文帝讲述了北周的意愿。陈文帝赶忙派出一位重臣出使长安,就始兴王陈顼的返国事宜,同北周展开磋商。

560年入秋的一天,江陵北迁南士正在麟趾殿里一如既往地校书。忽然,有人推开殿门走了进来。未及开言,那人已是泪眼婆娑。南士们经过片刻辨认后,不约而同地奔上前去同来人拥作一团,哭声随之而起。

江陵沦陷后,周弘正因不甘为西魏所虏,冒死潜出重围,从此走上了与北迁士人迥异的道路。他先是在梁敬帝萧方智的朝中任职,后在陈霸先身边效力。待到陈文帝继位后,年愈花甲的周弘正兼领

人质外交

江陵北迁南士

侍中、国子祭酒二职,一面掌管朝中机要,一面主抓陈朝学政,着力解决青黄不接的人才短缺问题。这一次,他奉陈文帝的圣旨,以特使身份来到北周,全权负责始兴王陈顼的返国谈判。周武帝宇文邕知道江陵南士与周弘正之间的关系非同一般,格外恩准他们会面,众人才得以相见。

周弘正在江陵时官至左户尚书,南士们并不理会他的现任职务,依旧喊他"周尚书"。尽管怀旧的称谓难免催人泪下,但这是他们永远不肯割舍的前朝记忆。往事不堪回首,十年前众人曾一致反对梁武帝纳降侯景,六年前又一起建议梁元帝迁都建康,五年前更是同仇敌忾,共御西魏大军。可是,原本同殿称臣的士大夫,如今流寓南北,各为其主。乱世中的际遇多么让人错愕!

当有人问及沈炯是否安好时,周弘正讲述了一个伤感的消息。沈炯被大丞相宇文泰放归后不过三年,因病去世了。说着,周弘正拿出了一篇赋文递与众人。通过作品开头简短的自序,南士们看出这是沈炯生前的力作:

古语说,收天下之魂便可登极称帝,《周易》里有"归魂卦",屈原写过《招魂篇》,所以很久以前我就知道魂魄可以回家。从长安南返后,写此《归魂赋》。❶

在随后长达1500字的赋文里,沈炯描绘了战乱环境中个人命运的凄凉,羁留北朝时的痛苦无助,以及返国途中亲眼看到战争带给人间的惨剧,他为自己能够身归故里而庆幸。

沈炯的《归魂赋》文笔娴熟,情感真挚,引起了在场所有人的强烈共鸣,南士们几乎是含着泪一字一句地读完了全文。

陈朝和北周的谈判持续了一年有余,最终双方达成协议。陈朝

---

❶ 本段译自《艺文类聚·归魂赋序》。

出让黔中之地和鲁山一郡,向北周手中交换始兴王陈顼。

562年早春,周弘正准备启程归国,他要将谈判结果回报陈文帝,并针对土地和人质交换工作,做好提前安排。周武帝宇文邕再发敕令,准许江陵北迁南士可以通过使臣,向南方的亲朋好友传递音讯。

南士们取出了事先备好的礼物和沾满泪痕的信件,在长安城外与"周尚书"依依话别。庾信一举写下五首诗,倾诉惜别之意。其一为:

阳关万里道,
不见一人归。
唯有河边雁,
秋来南向飞。❶

庾信的心灵是这样敏感,他嫉妒河边的大雁能够在秋天飞过江南的天空。

王褒也给南方的好友、周弘正的哥哥周弘让写了一封长信,文中写道:"所冀书生之魂,来依旧壤;射声之鬼,无恨他乡。白云在天,长离别矣,会见之期,邈无日矣。"❷王褒感叹今生无缘再见旧友,只盼死后魂魄能够相逢。

562年4月,随着陈军陆续从割让给北周的土地上撤离,始兴王陈顼也踏上了南归之路。毛喜赶赴江北迎接,并在渡江时与陈顼同舟共济,一起面对任何可能的政治风险。

陈文帝赎救弟弟的心情是真诚的,除了同胞之谊外,他急需陈顼充当他的左膀右臂。因此,陈顼抵达建康后不久,先后被授予侍中、中书监、中卫将军、使持节、扬州刺史等要职。

---

❶ 选自《文苑英华·重别周尚书》。

❷ 选自《周书·王褒传》。

待到一切安排妥当，陈顼请求毛喜赶赴长安，向北周讨要自己的妻子柳敬言和儿子陈叔宝。毛喜领命之后，即刻动身北上。

大冢宰宇文护热情地款待了毛喜，席间拉着他的双手说道："能让周陈两国通好的功臣，就是先生您啊！"随后爽快地交出了陈顼的家眷，让毛喜带回江南。

经过此次人质外交，北周囊获了大片南朝领土，握有黔中则全领巴蜀，控制鲁山而统据汉沔，占尽了地缘的先机。

哀江南赋

在沈炯《归魂赋》的影响下,庾信创作了《哀江南赋》。这篇赋文在长安引起了巨大轰动,直接摧毁了北周的"大诰体"文化政策。《哀江南赋》的魅力是如何体现的?

公元前299年,楚怀王不肯听从屈原劝告,前往武关与秦国会盟,结果被秦国扣留,客死咸阳。屈原怜悯楚怀王的遭遇,创作了一首长诗《招魂》,致以缅怀。在诗文的最后,屈原通过描写江南的美景,深情呼唤楚怀王的魂魄赶快归来:

皋兰被径兮,斯路渐。
湛湛江水兮,上有枫。
目极千里兮,伤春心。
魂兮归来,哀江南。❶

自从读过沈炯的《归魂赋》后,庾信沉浸在赋文的意境中久久不能自拔。身陷异国的困苦,沦落不堪的人生,使得庾信产生了一种不吐不快的冲动。他决心也要写出一篇赋文,同已故的好友沈炯完成最后的唱和。庾信取屈原《招魂》的最后一句,给自己的作品定名为《哀江南赋》,欲以招魂之声,呼应沈炯的归魂之意。

庾信是冠绝一时的文章大家,他的写作技法早已驾轻就熟,文

---

❶ 选自《楚辞》。

辞运用更是出神入化，由此注定《哀江南赋》必将成为一篇垂远且不朽的巨制！

这篇将近四千字的赋文以庾信的家族史开篇，"我之掌庾承周，以世功而为族；经邦佐汉，用论道而当官。"西周时期，庾氏的祖先因立有功勋而被定为家族；辅佐汉朝时，因论述治道而身居要职。经过十几代人的努力，庾氏终被经营成南朝的名门望族，在门阀制度下，这一身份何等尊隆！可是，传到自己这一代，人员离丧、家道中落，那么死后还有何面目去见列祖列宗的在天之灵？

在随后的行文里，庾信将家族兴衰同国运相连。回想"五十年中，江表无事"，南朝一片歌舞升平。可是，随着"大盗移国，金陵瓦解"，帝国分崩离析、家族风雨飘零、士人疲于奔命，一切都在转瞬之间化作过眼云烟。面对国家和个人的悲剧，庾信试图探寻背后的原因，他写到"若江陵之中否，乃金陵之祸始""虽借人之外力，实萧墙之内起"，侯景乱梁固然是国难的开始，但萧氏王侯间的你争我夺，也负有不可推卸的责任。由此，庾信感叹"拨乱之主忽焉，中兴之宗不祀"，梁朝在内忧外患之下再也无法远离苦难，官员在自私自利之中再也不能秉公执论，终致"让东海之滨，遂餐周粟"，士人和百姓寄身异邦，空落得满腔亡国恨。

庾信在赋文里使用了大量典故，"用典"本是当时流行的一种修辞手法，但是在这位笔力遒劲的文士手中，一个个典故却被用来照应他的内心。庾信透过自己的亲身经历，大胆体验相同情境下的古人感受，给自己的心灵施加一次次沉重的责难。他在历史的图景里搜寻，想要弄清"天命如此"或"国运维艰"能否成为他迎战侯景时望风而逃的借口？答案是否定的，古人一则则舍生取义的故事噬啮着他的心！

曾几何时，作为出身名门的梁廷文人，庾信运用宫体诗悠然自得地表现士族生活，他写过一首《舞媚娘》：

朝来户前照镜,含笑盈盈自看。
眉心浓黛直点,额角轻黄细安。
秪疑落花慢去,复道春风不还。
少年唯有欢乐,饮酒那得留残。❶

诗中那位顾影自怜的美女用心妆扮自己,因怕辜负春光而及时行乐。杯中不能留有残酒,唯恐不能尽欢。这又何尝不是梁朝士大夫的真实写照?

然而,当庾信在《哀江南赋》里写下"楚歌非取乐之方,鲁酒无忘忧之用"时,他的心境已然大变。回来吧,那位穿梭于建康宫殿中的青年才俊!回来吧,那位丝毫不懂人间疾苦的南梁朝臣!庾信在给过去的自己招魂!

《哀江南赋》格律严整、用典自然、文笔流畅,代表了当时文学创作的最高水准,甫一问世便在长安引起了巨大轰动。北周的人们惊讶于南朝文学的表现力,几乎不能相信那种屡被贬斥为清艳的文字也能抒发亘古的哀愁。他们争相传抄庾信的赋文,并在一字一句的体味和模仿中,掀起了争学"庾信体"的风潮。

不过,《哀江南赋》的影响不只停留在文学领域,它还上升到制度层面,对北周原有的大诰体文化政策起到了毁灭性的打击。

实际上,自从大丞相宇文泰死后,北周的继任者就已对"大诰体"失去了兴趣。因为没有任何理由可以假定西周时期的文体才是必须被奉为圭臬的精华,更没有证据显示两汉以来的南朝文化仅仅继承了先秦的糟粕,行政权力压制下的复古式书写,本身就是违反文学发展规律的矫枉过正。与死板沉闷的大诰体相比,江南的文风更加灵动多变,而且大诰体无论如何都难以带给创作者妙语偶得的惊喜体验。于是,随着《哀江南赋》的风靡,北周的文化复古政策彻底走到了穷途末路。

---

❶ 选自《乐府诗集·杂曲歌辞十三》。

就像周明帝宇文毓一样，周武帝宇文邕也常常在宫廷宴饮时征招麟趾学士作陪。虽然周武帝并不擅长诗赋创作，但他总会带着欣赏的态度，尽力体会南士的优美辞章。南士们在梁朝时期就已养成了依附皇族的习惯，他们乐于利用文学作品帮助天子疏解心中的孤独和焦虑，也愿意通过文字之美帮助皇帝暂时忘却权势的防御和争夺。

后来，宇文氏诸王公也逐渐喜欢上文学创作，甚至不计身份的差异，同南士建立起笃厚的私交。赵王宇文招尤其爱好南朝诗赋，经常把庾信、王褒引为座上宾。

一次，在陪同赵王观赏歌伎表演时，庾信创作了一首小诗：

长思浣纱石，
空想捣衣砧。
临卭若有便，
为说解琴心。❶

妩媚的歌伎就像浣纱的西施一样美丽，她们弹奏的音乐好似汉朝的司马相如在用琴音向卓文君倾诉爱慕。

在这首看似平淡的诗中，庾信将"独乐乐不如众乐乐"进行了升华，心通古人享受千载之乐，才是至乐啊！

赵王宇文招一度向往无拘无束的隐士生活，可是他身为北周皇族，有着无法抛弃的政治责任。所以，虽心向往之，却不能至。王褒就此写诗相赠：

凫鹄均长短，鹍鹍共逍遥。
清襟蕴秀气，虚席满风飔。
断弦惟续葛，独酌止倾瓢。

---

❶ 选自《初学记·和赵王看伎诗》。

菖蒲九重节,桑薪七过烧。❶

该诗通过描绘隐士恬淡自然的生活,让赵王在诗歌里体会那种处身世外的感觉。

在与南士的不断交往中,赵王宇文招的诗文水准有了大幅提高。一个初春季节,他领兵出征,行至半途,诗兴大发,写下一首《从军行》:

辽东烽火照甘泉,
蓟北亭障接燕然。
水冻菖蒲未生节,
关寒榆荚不成钱。❷

赵王在军旅中仍不忘观察菖蒲和榆树,这该是怎样的走火入魔啊!他用一句"水冻菖蒲未生节"呼应王褒"菖蒲九重节"之语,意在表明自己军务缠身,距离隐士生活依旧很远。

除了文学创作之外,王褒还将一项周人难以企及的专长传至北方,那便是书法。

南北朝时期是中国书法艺术发展的一个重要阶段,以东晋王羲之、王献之为代表的一大批书法家将书法艺术推到了登峰造极的程度。南士王褒与王羲之、王献之同族,自幼攻于书法。他在祖上运笔技巧的基础上,开创了自己的风格。

最初,长安有位名叫赵文深的北人,擅长隶书和楷书,北周公卿多从他习帖练字。可是,自从南朝文化得到北周认可之后,长安权贵争习王褒的书法,赵文深的字体再也无人问津。赵文深为此恼恨不已,经常对王褒破口讥讽。不过,他很快就认识到一个不争的事

---

❶ 选自《艺文类聚·隐逸上·奉和赵王隐士》。
❷ 选自《乐府诗集·相和歌辞七·平调曲三》。

实，王褒的书法乃是历代天赋异禀的书法大家的笔力集成，而他仅凭个人努力练就的书法总归是小成，连与王褒抗衡的资格都没有。赵文深及时放弃了成见，也加入了研习"王体"的人群。

  当此南风北渐之时，回看陈朝的文化，不免让人痛心。在流失了大批士人精英后，江南的文化呈现出一片惨淡和荒芜。一次，北齐派遣了一位名叫崔瞻的散骑常侍出使建康，陈朝对他依例接待。这位崔瞻的文学造诣并非十分出色，只是词韵较为温雅而已，不想建康官员在与他进行诗赋唱酬的过程中，却频频露怯。此等愤懑是不言而喻的，乃至有陈人气急败坏地问崔瞻："梁朝时期南北通好，您怎么不敢来？"

国医圣手

南士姚僧垣妙手回春,为北周公卿医治了各类疾病。565年,为了给北周社会思潮进行合理的诊治,周武帝向江陵附庸梁朝借聘了一位大儒入北。此人将给北周带来怎样的改变?

南士姚僧垣接受委托给金州刺史伊娄穆诊病时,患者的主诉症状已经相当严重。伊娄穆自感腰腹之间好像受到上、中、下三条带子捆缚,以致双腿无力,半身瘫痪。在多方医治无效的情况下,他只得离职回京养病。伊娄穆听闻于瑾将军府里有位名医,便通过私人关系请来为自己诊治。

姚僧垣依据的医理或已失传,使用的配方亦难稽考,但他给伊娄穆开出的三副汤剂可谓灵丹妙药:第一剂服下,上缚消失;第二剂服下,中缚不见;第三剂服下,束缚感全部解除。姚僧垣又追加一副散剂,从根本上缓解病人下肢的疼痛和挛弱之感,伊娄穆很快就能站立起来了。姚僧垣说道:"等到霜降之后,此病便可痊愈。"九月来临,金州刺史果真康复如初。

古人把一年分为二十四个时间节点和气序,认为人与自然相应,节气影响人体机能。姚僧垣将金州刺史的康复时间定在"霜降",当是确信冬天来临对他的病症有利。

乐平公窦集突发中风,整个人失去了知觉。数位医生会诊后认为,此公已病入膏肓,药石难救。姚僧垣赶到后,给出了相反的结论:"病情确实危笃,但无性命之忧。"然后施用了一副名叫"合汤散"的方子,便让乐平公奇迹般地苏醒了过来。

不过,永世公叱伏列椿就没有这等幸运,他最初只是患有慢性痢疾,每日还能坚持处理政务。可是,当病情突然加重后,姚僧垣也表示爱莫能助。

于谨不解地问:"永世公的病情看起来比乐平公轻缓,怎么乐平公有方相救,而永世公无方可医呢?"

姚僧垣答道:"病症确有深浅之分,但他二人得病的时令有别。所以,乐平公的病情虽重,终能保全性命。永世公症状虽轻,却难逃一死。"

于谨又问:"永世公会在何时病故?"

答曰:"不出四月。"

姚氏医理非常强调时令,甚至将患者的染病时间当作病情走向和结果断验的根本指标。"不出四月",表明春天来临后,将会进一步催发永世公的疾病。

当永世公叱伏列椿果真在四月一命归西时,于谨的惊骇可想而知。他非常庆幸得到了姚僧垣这样一位身怀绝技的家奴,更在王公大臣乃至番邦官员向他求借姚僧垣出诊时,难掩自豪之情,但是于谨的心中亦有愁云。既然医术可以断人生死,那么有没有什么办法能够推知国家兴亡?

江陵之役的第二年,于谨在荆州安置了一位得力的监军之后,班师回朝。他居功至伟,获得了朝廷最高规格的嘉奖,受封燕国公。可是,正当于谨春风得意之时,他却做了一件令自己追悔莫及的事情。大丞相宇文泰死后,宇文护承命掌权,但是他无力控制大局。就在各方势力争执不下的时刻,于谨力排众议,以大丞相的遗愿为由,毅然将宇文护推上了辅政地位。于谨的初衷在于确保长安政局稳定,防止国家陷入争权的灾难。但是,他没想到宇文护竟会连弑三帝!原本对大丞相没齿难忘的感恩,却报以灭人子孙的劫难!于谨感到自己的一世英名,将会因为无意间的助纣为虐而毁于一旦。他再也无法承受更多的自责,数次递交辞呈,恳请回乡养老。不料,周武帝宇文邕不但如数驳回了他的请求,而且还授予他"三老"之位。周武帝经常亲自入府探望于谨,毕恭毕敬地向他请教治国之策。每逢国宴时,周武帝总会把于谨接入宫廷,排在首席位置,且必定忽略自己的天子身份,站在桌旁侍奉这位德高望重的老臣吃饭。于谨既惭愧,又感动,除了忠心耿耿地站到皇权一方,他再也没有别的选择了。

于谨态度的转变对大冢宰宇文护构成了极大的心理压力。尽管宇文护手握重兵,但是他不能不顾忌实权派的意见,最终只好将朝堂理政的权力逐步让渡给周武帝。后来,宇文护在同州建造了一座新的府邸,搬离了长安,以此表示自己不会干扰皇帝独立行政。这一情况,为将来周武帝实现政治翻转创造了可能。

于谨的威力是巨大的,周武帝除了公开对他致以恭敬外,暗中的联络也是必不可少。因此,借助姚僧垣、姚最的父子关系,继续保持同于谨的良性互动,仍是一刻都没有松懈。

姚最出身医学世家,但他平时只是专注经史和文学,对医术一窍不通。齐公宇文宪向周武帝提出一个想法,希望府中的水曹参军姚最能够跟随其父传习家学。周武帝欣然批准此事,并专门降下一道手敕,确保姚最可以在燕国公和齐国公的府间自由出入。宇文宪退朝后,叫来姚最,规劝道:"博学高才,你能胜过王褒、庾信吗?他二人南北闻名,但在我看来,他们所受的待遇还比不上你家,你还是留心医药吧。况且天子敕令在此,你更需努力!"于是,姚最奉旨学医。

《国语》有云:"上医医国,其次疾人。"意思是,最高明的医生可以去除国家之弊,次一级的医生可以解除患者之病。此说法将国家比作人体,医术泛化为理政之道,又强行分出治国与疗人的高低层次,虽然有失偏颇,但无疑二者都承认"医生"的重要。

江陵北迁南士

565年的一天，麟趾学士柳裘被征调为宣纳上士，踏上了南下江陵的路途。柳裘的行囊里携带着一封周武帝的亲笔信函，而他此行的目的是向江陵附庸梁朝借聘一位旷世大儒入北，给复杂且凌乱的北周社会思潮进行一次全面的把脉和诊治。

当时，江陵的皇帝已经换作了萧岿（即梁明帝），他是萧詧的儿子。自从萧詧杀死梁元帝登位之后，赫然发现自己竟是得了虚名，输了实地，其权势范围甚至比岳阳王时期还不如。附庸状态注定无所作为，萧詧对自己的处境大感失望，于562年郁郁而终。梁明帝萧岿继位后，依然不能对现状做出改变，反倒慑于陈朝的威胁，对宗主国北周更为依赖。

在面见梁明帝的一刻，柳裘详细说明了来意，并将周武帝的书信呈递上去。萧岿读罢不敢怠慢，即刻宣召了一位大臣上殿。那人名叫沈重，时任都官尚书之职。

沈重出身吴兴沈氏，自幼博览群书，阴阳谶纬、道经佛典无不涉猎，特别醉心儒学，尤其通晓《诗经》和《左氏春秋》。这样一位旁通各家、擅长一宗、且书有专攻的人物，在梁武帝时期便入选国子助教，后转任五经博士。待到梁元帝在位时，沈重被招入江陵任职。江陵沦陷后，西魏几乎迁移了全部的士人和百姓，却没有意识到这位儒学大家的价值，反而让他留侍萧詧。

柳裘和沈重早就熟稔，即便历史原因让彼此的相处带上了几分尴尬色彩，却未在他们之间形成隔阂。柳裘向沈重讲述了南下的目的，接着将周武帝的亲笔信转交给他。

"皇帝问梁都官尚书沈重"，在一声尊敬的问候之后，周武帝开宗明义。"观夫八圣六君，七情十义，殊方所以会轨，异代于是率由。……及青缃起焰，素篆从风，文逐世疏，义随运舛，大礼存于玉帛之间，至乐形于钟鼓之外。"圣人贤君给后人留下了宝贵的精神财富，但是江陵焚书使得华夏文化遭劫，礼崩乐坏。因此，周武帝希望"爰踪圣哲，拯苍生之已沦，补文物之将坠"，追慕圣贤之路，使苍生免于沉沦

和堕落。既知沈重"学冠儒宗,行标士则",所以欲请他亲临长安"复礼殷周之年,迁化唐虞之世",共创一派国泰民安的盛景。❶

儒家在听到"天下苍生"和"礼崩乐坏"之类的词汇时,心间通常会涌动起义不容辞地拯救的欲望。沈重也不例外,周武帝的诚意深深地打动了他。在征询梁主萧岿的意见后,沈重接受了邀请。

周武帝喜出望外,下令沿途州城府县必须为沈重一行提供优厚的物资及安全保障。

随着沈重抵达长安,一场声势浩大的儒、释、道论衡即将拉开帷幕,沈重则负责为北周的正统思想"接生"。

---

❶ 本段中的引文出自《周书·沈重传》。

露门学士

567年,周武帝在内宫设立露门学馆,并将露门学士之职授予数位南士。这些入选的南士肩负着什么样的职责呢?

中国古人曾对音乐做过一番超越听觉之外的释读,认为音乐可使天地动容、鬼神感喟,更能陶冶民众性情,净化社会风气。孔子说:"移风易俗,莫善于乐。"自此,音乐被儒家赋予了振聋发聩的政治责任。不费一兵一卒,胜似千军万马,所以欲兴王道,必涉音乐之制。

周武帝非常羡慕汉族的皇帝能够拥有温文尔雅的臣民,那种文化一致性造就的汉人的同声同气,也令他心驰神往。周武帝经过长时间的观察和比较后,领悟到这样一个事实,儒家思想缔造了汉人的民族特性,孔孟之道维护了汉人的精神家园。为了从更高的层面上延续北魏孝文帝的汉化之路,周武帝有意按照汉族模式推进国家治理。

长安政权对儒家思想的初步尝试是从音乐制度开始的。最初,宇文邕将乐制建设的任务交给了一位名叫长孙绍远的官员。长孙绍远是北人,鲜卑族,时任大司乐之职。他颇有音乐天赋,并且自以为全部习得了汉人的音乐理论。可是,当长孙绍远真正着手进行乐曲创作的时候,却碰到了一个相当棘手的难题,他不知道如何确定"宫调"。

宫、商、角、徵、羽是古代的五声音阶。《礼记·乐记》有云："宫为君,商为臣,角为民,徵为事,羽为物。"只有确定了宫调的音高,才能统领其他四声。但是,由于古人缺乏保存和记录音乐的有效方法,以致南北朝时期的乐师们仅仅知道宫调依靠钟器确定,此外则全凭感觉和经验。

为了在"黄钟大吕"的规制中建立北周的官方音乐体系,长孙绍远选择使用黄钟定调。可是,或许某些失传的诀窍造成了难以逾越的鸿沟,无论长孙绍远如何调试,始终不能达到一槌定音的效果。有一天,长孙绍远途经一座佛寺,塔庙里偶然传出的铎声令他眼前一亮,这正是梦寐以求的宫调啊!长孙绍远奔入寺院,向僧人借铎一用,终于调校出了和谐的乐章。可是,由于铜铎的加入,古人规定的七律乐制被他改成了八律。

南士裴政向周武帝上书道:"上至大舜帝,下至周武王,音律皆用七数,长孙绍远用八数违反古制。"对于裴政的奏章,周武帝起初不以为意。直到有一天,周武帝阅读史书时,无意间读到姬周攻克殷商作"七始之乐"的记载,他决定采纳裴政的建议,废除八律,改用七律。

长孙绍远眼见自己别具匠心的音乐构想将要弃之不用,很不甘心,接连上书周武帝,强调八律尚有可以通融之处。然而,政治领域需要的不是音乐家,而是一套不会出现任何闪失的音乐制度,所以长孙绍远这种乖离古制的做法很难得到来自政权的认可。周武帝驳回了他的奏章,坚持废八置七。数月后,可怜的长孙绍远竟在一阵阵失望的纠结中抱憾而卒。

大儒沈重入北后,接到的第一项任务便是依照七律乐制,改造长孙绍远遗留的曲目。沈重很快找到了长孙绍远的实践误区,北周的乐曲里掺杂着大量的胡人韵律,根本不可能简单地纳入汉乐系统,而铜铎的使用更是不伦不类。在制乐的过程中,沈重努力平衡着胡汉音乐的差异,最终他一改汉乐里使用黄钟定调的传统,将林

钟当作确定宫调的主要乐器。虽然沈重也未能完美地契合古乐,但是他顺利地解决了七律问题,周武帝表示能够接受这一点瑕疵。

沈重完成乐制建设后不久,又接到了第二份诏令。周武帝要求他定期与朝中大臣讨论《诗》《书》《礼》《易》《春秋》五部儒学经典。

北周儒学之士匮乏,便是有人自封儒者,相较于沈重的满腹经纶来讲,亦成了泛泛之辈。北周公卿与沈重讨论五经的过程中,多是抱着学习的态度,聆听沈重的讲授。周武帝本人也不时地亲临会场,当面向沈重求证儒家经典中的迷惑之处。汉族的正统思想经由沈重之口,逐步在北周统治阶层里普及和推广。

北周的宫城从外向内共有五重,分别是皋门、库门、雉门、应门、露门。567年,周武帝在位于皇宫核心区的露门,设立了一座学馆。随后,他选派贤能之人在露门馆里给宇文氏皇族子弟授课,由此诞生了北周的"露门学"。

南士刘臻精通《汉书》和《后汉书》,时有"汉圣"之称。露门学创建之初,他被周武帝授予露门学士一职,深入皇宫为北周未来的一群权力继承者讲解两汉的历史。《汉书》和《后汉书》中的人物并不属于宇文氏及鲜卑族,刘臻对历史的宣讲也秉承着南朝思维,甚或汉人史书中还会不时流露出对异族的贬损,但周武帝并没有感到不快。他知道忽然勃兴的鲜卑族貌似强大,可是一旦走向衰弱,他们连拯救国家的丝毫经验都没有。因此,实有必要在汉人悠久的历史中寻找那些雕刻在时间轴线上的秘密。

南士明克让自幼研习儒家礼制,文学素养也很出众。十四岁那年,他已在萧绎的湘东王府得到了职务。一次,江陵举行堂会,有位官员见明克让年少得官,便想测其才华,遂以堂边的修竹为题,令明克让作诗。明克让稍加思索,立成一首五言小诗,凭一句"非君多爱赏,谁贵此贞心"技惊四座。明克让一语道破了文人的宿命,缺少了当权者的赏识,谁又能理解士人贞心的可贵?入北后的明克让一直在麟趾殿任职,露门学馆成立后,周武帝将他请进宫城,授予露门学士之职。不过,周武帝不是要利用他的文学才能,而是看重他对"三礼"的精通。《周礼》《仪礼》《礼记》原本各成一体,东汉时期三部典籍被纳入了同一个礼制框架,产生了"三礼"之学,就其属性而言,当归于两汉儒学。以儒为师,恰是汉族正统思想的典型特征,说明长安政权已经放弃了复古西周的策略,改为对接两汉。

王颎是梁朝名将王僧辩的儿子,他与哥哥王颁、王顗一同北迁长安时不满十岁。当初,在听闻父亲被害的消息之后,王颎似乎并不像他的两位哥哥那样呼天抢地,因为他想到了一个为父报仇的好办法。王颎立志成为一名荆轲般的游侠,打算练就一身本领,暗杀陈朝皇帝。他一心专攻技击,不甚留意诗书。可是,王颎的想法多少有些痴人说梦,南北朝时期的宫廷护卫条件已经相当完善,几乎不可能凭借一己之力做出"刺秦"的壮举。何况王颎平日的所作所为,非但去游侠甚远,而且近乎游手好闲。哥哥王顗终于按捺不住了,不管怎样他们算是将门之后,即使不能成为运筹帷幄的英雄,也不能沦为好勇斗狠的地痞,弟弟的所做作为确实叫人寒心。王顗盛怒之下对王颎做出了一番痛心疾首地训斥,效果很是显著。从此,王颎痛改前非,每天苦读《五经》,几年后便已掌握了儒学的梗概。王颎算是中途弃武从文,学术根基薄弱,但他思维灵巧,观点别致,有时与儒者展开讨论,他亦庄亦谐的想法常常赢得交口称赞,竟而声名外播。一日,周武帝宣召了王颎,试着同他探讨朝政。王颎高瞻远瞩的论述方式和夸夸其谈的口才让周武帝吃了一惊,大有相见恨晚之感,最后,王颎亦被授予露门学士之职。

然而,王颎终究不是安分之人,他生性机敏,博闻强记,善于表达,但这些好的品质并没有得到正常地使用。王颎对偏门异书兴味盎然,在兵法上用功至深,有时候他还梦想成为一位叱咤风云的纵横家,效仿苏秦、张仪游说天下。可是,就连他自己也知道,南北朝的政局与战国群雄争霸时期已是大相径庭,纵横家根本没有用武之

地。这却恰好成了王颁自认超凡脱俗的借口,于是他常有怀才不遇之感,屡发生不逢时之叹。在南士群体里,王颁是一个别有趣味的人,他未来的命运就像他的思想一样激荡、偏执且凶险。

宇文氏废魏立周之后,原西魏户部尚书唐瑾被任命为北周吏部中大夫,掌管官员的选拔和任用。十多年过去了,但是唐瑾始终不曾忘记梁朝遭遇的那场兵灾,想到江陵百姓入北时的一片哀嚎,他的心中一直感到不安。江陵城破时,唐瑾曾极力建议于谨放过那些拥有才德和善举的江陵人,因为只有残暴之师才会赶尽杀绝。在唐瑾一再坚持下,三百多户江陵人家免除了北迁的命运。

唐瑾读遍了他从江陵运回的两车书,每当翻阅南朝士大夫美轮美奂的文章时,他总是坚定地认为这样的群体不应该被定义为敌人。尤其唐瑾亲见许多南士在异国他乡依旧坚守着高尚的情操,他更加肃然起敬。

露门学馆成立后,唐瑾向周武帝保举江陵北迁南士乐运出任露门学士之职,理由是此人具备出众的才能和崇高的德行。

乐运北迁之年十五岁,因年龄过小,未能引起西魏的注意,自然没有受到任何礼遇。初入长安的岁月里,乐运的生活异常艰辛。令人敬佩的是,乐运花费数年时间替官宦人家做佣保,用赚来的钱财替所有的亲属赎清了奴籍。乐运侍母至孝,对寡嫂执礼甚恭,仁义之名由是远播。

这样一位德才兼备的南士若能够引导北周皇族子弟,无疑是件求之不得的好事,周武帝核准了唐瑾的举荐。

乐运熟知经史,对治道颇为倾心,既已领受北周俸禄,他便有意为宇文氏出力报效。任职露门学士期间,他针对朝政得失,多次进谏周武帝。乐运性格方直,加之年轻气盛,不时会出现冒犯龙颜之语,但周武帝雅量容人,无论乐运针砭时弊的话语多么令他难堪,他都不以为忤,反倒择优纳用。

三教论衡

> 北周佛教泛滥的景象引起了周武帝的警觉,他多次召开儒、释、道三教集会,有意"以儒代佛"。当此北周宗教改革的关键时刻,南士们起到了怎样的作用?

佛教起源于古印度,汉代传入中国,而后成为与儒教、道教并称的三大宗教之一。南北朝时期,天下纷乱,人们在现世里的生活受挫,因此,再也无力抵抗来世的诱惑,从而将佛教进一步推向了鼎盛。

北方五胡割据中原后,大规模造像运动波及了整个北朝,自北魏开始的百余年间,他们修建了数以万计的寺院,筑造了难以估算的佛像,相继开凿了多座佛门石窟。同时,异族社会里残存的奴隶制形态在很大程度上决定了北朝人思想失守的方式,他们为向佛祖表达虔敬之意,自甘沦为信仰的奴仆。普通民众卖掉耕牛捐建佛像的事件屡见不鲜,有人为把自己的名字雕刻在佛像的底座上而倾尽家资。北朝的统治阶级也受惑于佛法的鼓吹,动辄向寺院捐献数量可观的金钱,或者将肥沃的国有土地直接划归庙产。佛教以所向披靡的姿态,侵占了北方社会的每一个角落,几乎成为朝廷默认的国教。

在这佛教信仰泛滥中,僧人是最大得益者,他们盘坐在足可媲美皇宫的豪华庙宇里,仅需嘟嚷着含混不清的法言,便可丰衣足食。他们身体健康却不用服役,出租寺产也不必纳税,借助信众的香火供奉,过着与佛教教义完全不符的特权生活。

北周境内也广布着庙宇,信徒繁多。周武帝宇文邕对此渐渐产生了警觉,他意识到,这种建立在浪费人力、侵占民财、无功而禄基础上的信仰,绝非百姓之福,恰是国之大患。由此,在周武帝眼中,僧人合十的双手透露出来的不再是虔诚,而是贪婪。他们呼喊的佛号也不能代表神圣,而是欺骗。

在麟趾殿和露门馆里,周武帝与江陵北迁南士进行了频繁接触。经由南士的讲解,他对儒家学说产生了强烈信赖。儒家不设传教场所,不必耗费资财,更不会利用民众的畏惧之心强迫他们无休止地付出。为了从"佛法"的水深火热中拯救天下苍生,周武帝下定了改变宗教现状的决心,而以儒教取代佛教成了他的首选方案。

周武帝公开对儒教采取支持态度始于566年,他下发诏书规定:"那些为父母守丧期间,负土成坟、寝苦骨立以及节志孝行值得颂扬的人,辖区官员必须禀告朝廷。自当给予奖赏安慰,以兹激励社会风气。"父母与子女的关系是距离人们最近的社会存在,只有百姓在家庭亲情中学会了感恩,那么作为国之父母的皇帝才能赢得民众的忠心。这对于处在大冢宰强权下的周武帝来说,亦可视为巩固皇权的法宝。

随着周武帝观念的转变以及对儒家思想的不断认可,北周的佛教将要迎来它在传播过程中最为惨痛的一次教训。

568年9月17日,周武帝毫无征兆地传召朝中官员、寺院僧人和观中道士赶赴大德殿出席集会。各方人士应旨而至,不知圣意何为,一个个交头接耳。周武帝居中而坐,宣布要亲自为众人讲授《礼记》。

《礼记》是儒家《五经》之一,内容涉及天人合一、礼乐制度以及朝堂规范。周武帝通过向文武大臣和佛道信徒讲授儒理,正式发起了北周宗教改革的舆论声势。皇帝号为天子,受到万民瞩目,帝王们也总会有意识地让自己的每一个举动都充满象征意义,以此表达那些不便直说的政策倾向。从一开始,周武帝便强烈地暗示了他以儒代佛的愿望。

569年3月11日,周武帝二次传召官员、僧人和道士,要求他们再赴大德殿集会,这一次的主要议题是讨论佛、道二教的教义。周武帝一向行事谨慎,他想倾听佛、道的声音,力争杜绝任何由于疏忽而造成的失误。

在本次集会上,僧人们隐约感到当今圣上对佛教存有偏见。因为周武帝不断向着佛法最难自圆其说的地方发问,而且总是一问未平,一问再起。虽然僧人们不愿多想,仍不免毛骨悚然起来。

江陵北迁南士是周武帝宗教改革的理论中坚,他们融入集会的人群,审慎地观察着各方的动向,并及时向皇帝反馈信息。此次集会过程中,庾信作了一首诗:

> 五明教已设,三元法复开。
> 鱼山将鹤岭,清梵两边来。
> 香烟聚为塔,花雨积成台。
> 空心论佛性,贞气辨仙才。
> 露盘高掌滴,风乌平翅回。
> 无劳问待诏,自识昆明灰。❶

庾信故作轻松地描写了殿堂上的讨论景象,赞扬周武帝已经透悟了各教教义,甚至达到了无需南士帮扶,便可应对自如的程度。

一个月后的569年4月16日,周武帝第三次召集文武百官、有德高僧、名儒道士举行集会。由于本次出席的人数超过了二千人,讨论地点选在空间更为宽敞的正殿举行。周武帝宣布了集会的议题,就是要针对儒、释、道三教的高低先后顺序展开辩论,最后决定何者可以成为北周的国教。

---

❶ 选自《艺文类聚·咏阐弘二教》。

这是一场精心安排的教派大论衡,中国古代三大主流宗教在此发生了直接碰撞,殿堂上的气氛变得格外紧张。三教信徒各自使出浑身解数,竭力证明自己的教派拥有毋庸置疑的信仰优势。他们相互攻讦,彼此发难,在你来我往的争论中,回护辩驳。三教耆老也尽皆现身说法,援引一则则感人的故事,宣扬本教的慈悲、超脱或仁爱。

然而,激烈的场面无法掩盖各教的真实目的,众人一边争吵,一边用眼睛的余光扫向端坐在龙椅上的皇帝。每个人都知道,唯有得到政权的支持,才算完成了最好的自证。

这一次,周武帝不再回避他对佛教的排斥态度,说道:"儒教和道教,历代常遵。佛教外来,朕无意崇奉。"接着,他进一步表明了自己的立场,认为应该按照"儒教为先,佛教为后,道教最上"的顺序排列三教,也就是思想领域以儒教为先,信仰方面以道教为上,而佛教则弃之不用。周武帝的态度颇为坚决,有官员提议儒、释、道可以共存,他也不肯接受,驳斥道:"三教共存,只会扰乱俗世,故而不能俱立。"

对于皇帝给出的三教次序,僧人们完全不能接受。他们摆出一副据理力争的样子,大声抗议朝廷无视民众信仰自由,对佛教进行人为打压。

僧人的反对似乎早在周武帝的预料之中,经过此番试探,宇文邕知道佛教势力已经大到有恃无恐的地步,假如过早地形成官方定论,可能会引发其他问题。于是,周武帝下令暂时休会。

五天后,第四次集会在紫极殿召开,朝臣、儒生、僧人、道士两千余人全数参加。周武帝考虑到北人长期浸染佛教而对儒教却很陌生,乃命大儒沈重登台,假借对比三教教义的名义,当众宣讲儒家思想。

沈重精通各教典籍,熟悉儒、释、道的主旨,故而他的评断能够直击要害。即便现场有人提出疑义,沈重也能给出入情入理的答案。

虽然此次集会仍未达成三教高低先后的定论,但沈重的儒学主张,赢得了在场儒生的一致推崇。

其后的岁月里,为了压制佛教普及儒教,周武帝又举行了多次教派论衡,但碍于大冢宰宇文护是佛教的忠实信徒,宇文邕并没有采取强硬行动。不过北周的社会思潮却在这有意为之之下发生了根本性转变,儒教渐渐积累了较为广泛的信众基础。

在一首名为《奉和法筵应诏》的诗中,庾信写道:

> 风飞扇天辩,
> 泉涌属丝言。
> 羁臣从散木。
> 无以预中天。❶

周武帝在论衡中表现出辩才如虹的气势和丝丝泉涌的谈吐,这让庾信深感欣慰,他不无谦虚地认为自己也从中学到了很多。

❶ 选自《古诗纪》。

诛灭国贼

572年,周武帝施用巧计诛杀了大冢宰宇文护,迎来了亲政时代。在铲除权臣的过程中,南士们做出了哪些贡献?

《尚书》里有一篇《酒诰》,记录了西周初年的一则禁酒令。该令通过严格限定卫国(原商朝都城所在地)国民的饮酒条件,试图避免商朝酒池肉林的奢靡风气弥散到西周全境。

572年4月12日,当大冢宰宇文护从周武帝宇文邕手里接过这篇《酒诰》的时候,他正准备走进含仁殿拜谒文宣皇太后。周武帝拦住宇文护,忧伤地说道:"太后年事已高,喜欢饮酒。若非亲近之人,一概不见,且时喜时怒,脾气反常,我劝了很多次,她都听不进去。"所以,周武帝恳请堂兄在面见皇太后的时候,能够用这篇先贤的法令规劝太后戒酒。

当时,宇文护刚刚从同州返京,朝见皇帝和太后是他必行的礼节。既然皇帝有此请求,他也乐于送上这个顺水人情,点头同意了。

一番礼节性的拜见后,文宣皇太后给大冢宰赐了座位,周武帝执家人之礼,侍立在堂兄身后。宇文护清了清喉咙,展开《酒诰》,开始放声朗读。即便考虑先秦古文晦涩拗口,读完这篇仅有240余字的短文,用时也不会太久,但是这短暂的时光却决定了北周未来的命运。周武帝突然抡起手中的玉笏,猛击宇文护后脑,十二年积压的怨恨化作了击打的力量,生死攸关的紧迫感更增添了出手的速度,宇文护猝不及防,顿时扑倒在地,晕厥不醒。早已埋伏在屋内的卫公宇文直迅速冲出来,将其一刀毙命。

瞬息之间,北周权臣当道的时代结束了!

公元前206年,楚霸王项羽摆宴鸿门,准备借机铲除汉王刘邦,推杯换盏之间,危机四伏。尽管刘邦最终脱险,但这段耳熟能详的史实不断提醒后世的权力争夺者,必须时刻提防来自对手的鸿门宴。那么如何才能让大冢宰走进含仁殿的一刻忘记防范风险呢?那篇源自《尚书》的《酒诰》便是煞费苦心的甄选。它被用来向宇文护暗示,殿内不仅没有令人生畏的政治酒席,而且香醇美酒在此不受欢迎。

"春见曰朝,夏见曰宗,秋见曰觐,冬见曰遇",这是《周礼》一书从礼法角度给出的臣子面见天子的标准名称。阳春时节,宇文护依礼入朝,从而给周武帝提供了锄奸的大好良机。

《礼记》载:"笏,天子以球玉。"意思是,天子的笏板用美玉制作。周武帝又可以名正言顺地持有一件趁手的武器,而不会引起怀疑。

鲜卑人宇文护就这样一步步死于汉族文化设定的情境之中!

早在三年前的569年5月,周武帝亲手编制了一部《象经》,针对一款名为象戏的棋类新游戏,阐发了其中耐人寻味的至理。书成之后,周武帝命令南士王褒题写序言。一国之君玩物丧志原是稍有历史常识的人都会提心吊胆的事情,但是王褒察觉到了皇帝的用意。他在《象戏经序》里肯定了周武帝《象经》一书非同小可的意义。王褒认为象戏虽是游戏,实乃包罗天文、地理、阴阳、时令、算数、律吕、八卦、忠孝、君臣、文武、礼仪、观德等万象的智慧较量,可谓古今文化的集中体现。

多年来,南士们在潜移默化里教会了周武帝如何运用汉文化进行思考,使得这位年轻的帝王可以透过事物之间的表象逻辑,提炼出发人深省的治国思想。"象"即模拟,"象戏"就成了万事万物的模型化预演。棋盘被理解为九州之地,棋子则视作皇帝、官员和百姓。

玩家运筹帷幄，进退取舍皆依成败而定。相信周武帝在铲除大冢宰宇文护之前，一定在棋盘上对他进行了反复试杀。

一次，庾信观看了象戏的对局之后，给周武帝进献了一篇《象戏赋》。文中写道："搢笏当次，依辰就席，回地理于方珪，转天文于圆璧。"意思是，将笏板插在腰间，依照星辰的方位排定座次，天地将会在圆形的玉璧和方形的玉珪之间实现回转。这难道不正是周武帝击杀宇文护时的情形吗？或许一切仅是巧合，但不排除周武帝从庾信的赋文里得到了某种启发。

在大冢宰伏诛的消息走漏之前，周武帝火速传令齐公宇文宪包围同州的冢宰府，将宇文护的子孙全部就地处决，同时收缴兵符和文书等物送至京师。至此，周武帝尽掌北周军政大权，成了一位名符其实的天子。

宇文护府中查抄出来的文书是周武帝亲自审阅的，找出政敌的罪证不是唯一目的。宇文邕很想知道，剥掉权力的伪装之后，堂兄到底是个怎样的人呢？为什么他可以连弑三帝，却对自己网开一面？或者倘使彼此互换角色，自己又会怎样做呢？经过几番换位思考，宇文邕原谅了堂兄，并于两年后下诏恢复宇文护及其子孙生前的爵位，且依据相应的等级重新安葬。

然而，有一批趋炎附势的官员未能得到周武帝的谅解。他们是一群表里不一的政治赌徒，当面山呼万岁，背后却同权臣保持着秘密往来，更有甚者，劝说宇文护废帝自立！周武帝在收缴的文书中发现了他们，那一封封向大冢宰宣誓效忠的信件，暴露了他们的虚伪和狡诈。周武帝以书信为凭，按图索骥，治了很多人的重罪。

当两页泛黄的纸张从文书里掉落到御案上的时候，周武帝的怒火正盛。他想看看这又是哪位大逆不道的朝臣写给宇文护的私信，并做好了严惩不贷的准备。可是，周武帝读了不过数句，便惊异地发现这篇文字明显与众不同，信中通过援引大量的谶纬灾祥，不厌其烦地劝说大冢宰应该敬畏天道，尽快将权力归还皇帝。周武帝赶忙翻到尾页查看署名，正是麟趾学士、太史庾季才！大权旁落、人人自危时，竟有一位江陵北迁南士不顾祸殃，暗中替自己牵肠挂肚！周武帝感动至极，赞叹道："庾季才忠心赤诚，甚得人臣之礼！"传令重赏庾季才粟米三百石、布帛两百段，官职提升为太史中大夫。

回想十几年来有关南士的一桩桩往事，周武帝再也无法心安理得。当年幼小的他只知道父辈在伐梁战争中俘获了一批南朝公卿，万没想到这些人竟与自己有君臣之缘。他们不计前嫌，在麟趾殿和露门馆里恪尽职守，凡有政事交托，总是甘效犬马！弥足珍贵的是，在可怖的政治环境里，他们立场鲜明，心照不宣地将处于劣势的皇帝看作同路人。文弱的外表没有影响他们勇敢的决断，手无实权也未改变他们坚定的心性。然而，宇文氏除了让他们家破人亡背井离乡之外，又为他们做过什么呢？

572年10月23日，周武帝下诏："江陵所获奴婢充为官奴者，必须全部放免为平民。"

官奴本质上近似于皇帝的直属财富，但是为了博得江陵人的欢心，这又算得了什么呢？

不过，由于很多江陵百姓被赏赐给元勋爵老、功臣良将，初掌实权的周武帝尚未找到彻底解决私奴问题的途径，他仍然需要等待下一个释奴的契机。

五十年后的一天，唐太宗李世民翻开了周武帝宇文邕撰写的《象经》一书，但是他读了半晌却不解其义。听闻朝臣蔡允恭小时候玩过象戏，李世民便宣召询问。可是，因为时间久远，蔡允恭忘记了行棋的方法。后来，经由弘文馆天才人物吕才推演，李世民终得一睹象戏的精妙。由此看来，象戏流行的时间并不长，或许大冢宰宇文护死后，象戏便结束它的任务了吧。

太子中人

江陵北迁南士在周武帝亲政后,得到了大规模的实职任用。南士乐运在一次回答周武帝的询问时,谈到了对皇太子宇文赟的看法。针对乐运的意见,周武帝是如何回应的呢?

"后宇文护时代"的北周需要构建新的权力中枢,宇文氏诸位王公因在大冢宰辅政期间以及在宇文护的势力崩塌后,一直与皇帝戮力同心,因此被大加委任。周武帝命齐公宇文宪接任大冢宰之职,又拜卫公宇文直为大司徒、赵王宇文招为大司空,代公宇文达和滕公宇文逌一并授予柱国大将军。一年后,周武帝再传圣旨,将诸弟的爵位普遍由"公"提升为"王",帝国的核心权力在兄弟之间实现了最大限度共享。

江陵北迁南士受到重用可以说是水到渠成的事情,他们对皇帝的忠心自是原因之一。更主要的,当周武帝学会了对南朝文化进行政治审美之后,他确信在国家治理过程中增大南士的参与度,将会使得政权运行更为顺畅。因为不假修饰的生杀予夺是暴政的特征,南士们则有办法让统治变得合理又正义。

为了让江陵南士切实投入到北周的发展建设中,周武帝相继授予他们一批实务性的官职。

王褒受邀参与朝政,负责皇帝诏册的起草工作。虽然朝廷文书的撰写不能像文学作品那样自由发挥,但作为一代文学巨匠的王褒有能力在文字的实用性和艺术化之间做出完美平衡。经他撰写的诏书,不但可以准确传达朝廷旨意,而且还可以利用华丽的辞藻让臣民感到来自帝王的表述不落凡俗。

庾信先是被授予弘农郡守,不久又升为洛州刺史。庾信通晓古往今来地方治理的要诀,将上报皇帝、下爱吏民视为执政信条。他不赞成政治扰民,若非必要,从不出台新规。同时,庾信还精简了辖区的办公手续,大大提升了行政效率,百姓和下属皆大欢喜。

庾季才奉周武帝之命撰写了一部《灵台秘苑》,这是一本记录天体运行和天象变化的书籍。每当政局处在关键时刻,庾季才总能做出正确的抉择,这让周武帝相信天意或许并不难测,因此他希望在天道中探寻帝国的未来。

此外,明克让出任司调大夫,负责民事调解;何稠领职御饰下士,掌管皇帝朝服车马的制作和供给;刘臻被授蓝田令、畿伯下大夫,治理县域之地;鲍宏任职遂伯下大夫,负责登记人口和分配土地。

最值得一提的是乐运,自从他被唐瑾举荐为露门学士之后,已在露门馆里为宇文氏皇族子弟授课六年有余。周武帝知道乐运操守坚正,能力出众,遂把他征调为万年县丞。

万年县是毗邻京城长安的一处重要治所,可是,乐运下车伊始便留意到当地存在一个巨大的社会问题——豪强作恶。历来京畿之地都是政治力量与民间势力混合最为复杂的区域,许多官宦之家借助朝中有人,在此欺男霸女、强占田宅、为所欲为,有一股凶顽势力便是在万年县扎下根来。这批人身处普通民众之间,视野狭小却惯于想象富贵,贪得无厌又从来不计后果,甚至敢于针对不愿就范的地方官员,商讨出或明或暗的多种加害方法。豪强们见乐运只是一位毫无政治背景的北迁南士,不由得等闲视之。然而,不久后,当万年县衙连续推出一系列抑挫豪强的政令后,他们终于意识到,这位年仅而立的新县丞将会带给他们灭顶之灾。反击是必然的,不愿丧失利益的恶徒们向朝中的亲人哭诉着一位不知天高地厚的芝麻

官接连破坏他们的好事,实有必要罗织罪名,奏请皇帝,杀之而后快。

可是,这些人不但低估了乐运的耿直,而且错估了皇帝对南士的信赖。周武帝褒奖了乐运,并且为了防止有人恶意诬告,周武帝还超授乐运直入宫廷面见天子的特权,无论事情大小,皆可随时启奏。

乐运的刚正不阿,意味着无法收买;周武帝的圣意天听,代表了不可抗拒。君臣默契配合,很快瓦解了万年县的豪强势力。

一天,当周武帝外出途径万年县时,他宣召乐运见驾。相较于殿堂上的众多老臣,乐运与宇文邕年纪相仿,同龄人交流本就容易推心置腹,铲除豪强过程中的同仇敌忾进一步拉近了彼此的距离。当时二人一定相谈甚欢,以致周武帝向乐运咨询了一个完全超越县丞评价权限的问题:"爱卿认为皇太子是怎样的一个人呢?"

北周皇太子名叫宇文赟,生于559年,乃是周武帝的嫡长子。宇文赟的生母名叫李娥姿,本是一位居住在江陵的汉族女子。西魏占据江陵后,李娥姿及其家人被迫北迁长安。大丞相宇文泰见李娥姿身材曼妙,长相秀美,遂将她赏赐给儿子宇文邕作妾。这位李娥姿不仅外貌出众,而且还带有汉人女子独特的温婉气质,宇文邕对她宠爱有加。入府三年后,李娥姿为宇文邕生下了儿子宇文赟,继而被扶为正室妻子。待到宇文邕登基后,李娥姿更被封为皇后。以此说来,宇文赟便具有了半个江陵血缘,于是他成为南士群体的重要精神寄托之一。

572年,大冢宰宇文护死后不久,王褒向周武帝呈递了一份《为百僚请立皇太子表》,打着官员集体的名义,请求册立十三岁的宇文赟为皇太子,理由是"亲居元子,属当储贰"(亲缘上居于长子地位,理当立为储君)。西周以来,一条"立嫡以长不以贤,立子以贵不以长"的权位承袭法则被沿用了下来,这是一种以嫡庶区分孩子贵贱且年龄上长先于幼的制度。但是,由于该制度单纯关注继承者的次序而无视孩子的才能差别,个中的不合理是显而易见的。因此,秦汉以后，嫡长子继承制并没得到一成不变地遵从。周武帝也很犹豫，他感觉宇文赟资质过于平庸，很难说是继位的最佳人选。不过，572年5月19日，周武帝还是将宇文赟诏立为北周的皇太子。

乐运听到皇帝询问自己对皇太子的看法后，略作沉思，答道："太子是中人。"

周武帝点点头，转向其他随行大臣，说道："百官都骗我说太子聪明睿智，唯独乐运说是中等人，可见他忠直。"回过头来继续问乐运："既然您有此判断，敢问中人有什么特征吗？"

乐运答道："班固在《后汉书》里对齐桓公的评价便是'中人'，因为管仲辅佐他就能成为一代霸主，而竖貂辅佐他却会乱国。中人即是可以跟他一道经营善政，或者同他一起为害天下。"

周武帝恍然大悟道："我懂了！"

回京之后，周武帝立刻下令改组东宫建制，增加并撤换太子府内的属员，务求贤能之人围绕储君身旁，以期对宇文赟形成良好的辅弼。

正是此时，几位南士被选入东宫，担负起教化皇太子的重任。

两位麟趾学士柳裘和颜之仪一同被征调为太子侍读，负责为宇文赟讲授学业。王褒在掌管朝堂文书之余兼领太子少保，不时对皇太子施以谆谆教诲。后来，大儒沈重被任命为露门博士，常驻露门学馆，引领太子修习《五经》。

然而，到底天命最高，人力终有不济。虽然周武帝费尽心思地展开了对继任者的培养计划，并且延请的佐官也尽是一代人杰，但皇太子宇文赟无论智力还是性格皆有缺陷，非但朽木难雕，而且极端地自以为是。当宇文赟偶然听说乐运在父亲面前只给了自己"中人"的评价后，他深感不满，大有嗔怪乐运持斗量海之意。可是，周武帝却对乐运感激不尽，将他的官职从万年县丞提升为京兆尹。

宇文赟难堪大任，这一点周武帝是知道的。他几次想要撤换太子，怎奈其他儿子年龄幼小，而他又不愿违背嫡长子继承制的规则，

只好将全部希望寄托于皇太子的尽快开悟上来。因此,只要宇文赟表露出不思进取的情绪,周武帝便会大怒,乃至棍棒相加,但收效甚微。由于皇位继承人难成大器,北周政权便暗藏了一个极大的隐患。

"王友"作为一类职务出现在北周的官僚系统里,是与培养皇太子同步进行的方案。周武帝通过给宇文氏诸王安排良师益友,希望皇室集团尽可能多地吸纳贤德之人,继而提升政权的整体素质。

南士刘祥在齐公宇文宪的府中做了多年记室参军之后,被直接任命为齐王的王友。幼年时期,刘祥即有"神童"之称,可见他文笔出众。一次,他给齐王宇文宪呈上了一篇《王箴》,想必定是字字玑珠,以致齐王不住地拍案叫绝。后来,宇文宪将《王箴》呈递天子御览,周武帝也是称赏不已。"箴"是古代的一种文体,多用于规劝和告诫,足见北周统治集团对南士的忠言普遍采取接纳态度。

萧大圜与滕王宇文逌素来交好,二人意气相投,过从甚密。最后,萧大圜被任命为滕王的王友。宇文逌知道萧大圜原是梁朝宗室,认定他必然了解南朝内情,是以他们之间曾有过一番意味深长的对话。

滕王问萧大圜道:"我听说萧绎曾经编纂《梁史》,有这回事吗?王侯公卿的传记倒是可以褒贬,但是其父萧衍的帝纪该怎么写呢?隐藏错误则违反史实,秉笔直书又冒犯长辈。"

萧大圜答曰:"您听到的传言是错的!即便确有此事,也不足为奇。昔日汉明帝为其父刘秀写帝纪,汉章帝也为其父刘庄写帝纪,这便是先例。况且君王的过错,好似日食月食,天下共见,哪里又隐藏得了呢?不过,若先皇确实存在不为人知的错误,曲笔掩盖又有何不可?儿子隐瞒父亲的过失,正合乎人性之道;君民矫饰国家的罪恶,恰是爱国之礼。"

滕王听完萧大圜这种滴水不漏的答案,竟是无言以对,不禁哈哈大笑。

武帝灭佛

为了富国强兵,周武帝决心灭佛,南士何妥受命主持北周宗教史上最后一次廷辩。这场剑拔弩张的廷辩是如何进行的呢?

南士何妥的父亲是西域胡人,因在四川与汉人通商而富甲一方,最终何氏胡人入迁华夏,定居于蜀地。富裕的家境给何妥创造了良好的学习条件,八岁时他被送往梁都建康的国子监求学,接受全面的汉式教育。

当时,国子监里有位名叫顾良的助教,他见何妥非我族类却起了汉人的名姓,打趣道:"你既然姓何,不知是荷叶的荷,还是河水的河?"

何妥应声作答:"既然先生姓顾,不知是眷顾的顾,还是新故的故?"不但轻巧地回应了顾良的玩笑,而且暗讽对方理当眷顾他人感受,不该针对华夏故族和侨居新人之间的差别,施以不当的嘲讪。何妥小小年纪便拥有如此机敏的辩才,使得在场学人尽皆瞠目。

西域地处古丝绸之路的要道,中国、西亚乃至欧洲的文明在此水乳交融,胡人何氏从中学到了诸如金帛加工、工程建造等先进的生产技术。尽管他们仰慕华夏富庶而内迁中土,但精湛的工艺仍在家族内部传习。何妥从小耳濡目染,颇通匠心。他最初仕梁为官就是因为湘东王萧绎看重他身怀巧技,希望留在府中以备不时之需。不过,萧绎很快发现,何妥的才华远比他的手工技能高超,遂召为贴身诵书。何妥能够跟随萧绎共阅经史,唱酬诗赋,学问自然突飞猛进。但是,江陵沦陷后,他亦无法逃脱北迁的命运。

何妥拥有正宗的建康官学经历,这一点被周武帝看中,最终何妥被任命为太学博士。太学源自西汉,中国历史上最具煽动性的儒士董仲舒在《天人三策》中提出"兴太学,置明师,以养天下之士",此举得到了汉武帝刘彻的支持,始开太学之制,后世亦多沿用。北周的太学较之专门接收皇族子弟的露门学而言,无论招生人数,还是招生对象,都宽泛很多。何妥任职太学期间,顺应北周大兴儒学的潮流,利用南朝所学,全力普及孔孟之道。

574年1月9日,在何妥的人生里注定是最难忘的一天。他接到周武帝的一道敕令,要他主持南北朝宗教史上最为剑拔弩张的一次廷辩。这是继此前多次三教论衡之后,周武帝发起的又一次盛大集会,应诏参加者仍是朝臣、儒者、僧人和道士。

这日一早,三教权威人物纷至沓来,向着皇帝行礼朝拜后,一个个正襟危坐。大殿上鸦雀无声,气氛比之从前更加庄重严肃。所有人都知道,关乎教派兴衰的最后一战到来了。

在历次辩论中,佛、道二教逐步认识到一个事实,那就是自身同儒教之间存在根本性差别。儒教关注现世的伦理规范,不但不与佛道争抢来世的解释权,而且避谈鬼神。儒教不设宗教财产,同佛道也没有香火之争。加以僧人和道士都领教过博通古今的南朝儒士辩才无碍的风采,大可不必自讨没趣跟儒教一争短长。因此,本次廷辩是在默认儒教胜出的前提下,佛、道之间的一场厮杀。

为了保证辩论有序,大殿中央摆放了一处高座。太学博士何妥手持一个代表发言权的玉如意站在高座旁。无论哪方想要登台,必须取得此物方可。

随着周武帝一声令下,廷辩开始了。

若不是皇帝暗中授意,便是何妥个人会意,他率先将玉如意交给了一位名叫张宾的道长。

张宾是北周道教公推的领袖,在佛教长期排挤下,道教处境煞是艰难,因此他早就与僧人结下了势不两立的仇恨。张宾整衣起身,登临高座,首先对道教进行了一番毫无保留的夸赞,将道教的信仰优势概括为清淳、通天、升仙三大功能。随后,张宾话锋一转,向佛教正式发难:"佛法虚幻,言过其实。客寓中华,不容本土。百姓无知,信其诡说!"

兴许张宾的言论太过辱没佛门神圣,以致那些一贯信奉与世无争的高僧们个个暴跳如雷,纷纷示意登台痛击狂徒。可是,当何妥准备将玉如意交给少林寺等行禅师时,却遭到了其他僧人的阻止。和尚们认为此战胜败攸关,只有四川籍和尚释智炫才是应辩的最佳人选。

释智炫接过如意,缓步走向高座,行止间颇有几分自信。他并未急于回答道教的指责,而是向张宾提出了一个问题:"既然道长认为佛教西来不容本土,请问道教是否给自己划定了传教区域?"

张宾答道:"传道兴教,哪有定处?反正道教旧有,佛教西来。"

道士的回答显然正中了僧人的下怀,释智炫反诘道:"既然道教没有规定传教地点,为什么要限制佛教东传?"接着,释智炫针对道教自诩的清淳、通天、升仙的说法展开猛烈攻击。张宾竟然完全不是对手,被驳得张口结舌,败下阵来。

佛教在东传的过程中遭遇了亚洲多国文化的审视和考验,练就了一副娴熟解答各种质疑的本领,落地中国后也是努力适应本土,并在南北朝时期完成了初步的禅化。可是,道教自曹魏两晋以来,却经历了一个玄化的过程,神仙方术配以虚无清谈,使得道教失去了固有的思辨能力。因此,张宾道长除了使用几个大而无当的玄词道语外,根本抓不住对方言语的实质。

正当僧人们为辩败道教而沾沾自喜时,佛教迎来了致命一击。周武帝走下龙椅,亲自接过玉如意,登上高座,然后历数佛法"三不净":"释迦牟尼娶妻生子,主不净;佛门允许僧人食肉,教不净;教徒

武帝灭佛

相互攻伐多罪行,众不净。因为有此三不净,朕要裁撤佛教,以平息百姓的虚幻寄托。道教中没有这等事,朕将保留以助国化。"

僧人释智炫二次起身应答:"陛下所述,与佛经记载相符,确实不错。但是,道法比佛法更不净啊!道教天尊居住在紫微宫,有五百童女侍奉,主不净;道教仪式使用鹿肉清酒,教不净;道士犯罪者历代皆有,众不净。若因僧众犯罪而毁灭佛法,难道臣子犯罪陛下也要让出皇位吗?"释智炫巧舌如簧,但是他的答案不可能令周武帝满意,因为佛教从始至终只需要回答一个隐含问题,就是凭什么占用北周数不胜数的民众、金钱和土地?至于其他答案,则全非正解。

大冢宰宇文护伏诛之后,北周的内部权力问题得到了基本解决,周武帝心中的敌人已经转换为东方的齐国和南方的陈国。可是,针对他国的对抗需要强大的经济和军事实力,所以,周武帝一改之前的容忍态度,决计将佛教置于死地,实现他"取地于塔庙之下,求兵于僧众之间"的愿望。

僧人释智炫分明感到佛教的末日已然来降,情急之下,他想到的不是佛家的因果业报,而是儒家的舍生取义,口不择言地喊道:"废佛存道,犹如以庶代嫡!"释智炫希望通过侮辱周武帝的庶出身份,但求皇帝怒杀自己。这种故意犯上的行为确实让周武帝非常气愤,但他只是拂袖退朝,并未惩戒任何人。❶

574年6月21日,周武帝面向全国发布诏书,做出如下规定:即日起,北周境内断绝佛、道二教,经书塑像全部销毁,僧人道士勒令还俗,教派财产分发臣下,寺观塔庙赐予王公。

教权过度抢夺政权的利益终究引来了弥天大祸,历时五年的三教论衡,最后以独尊儒教而告终。

原本道教尚存一线生机,只因廷辩时未能从佛教的纠缠中顺利脱身,周武帝不得不将其一并禁断。最难接受现实的当属僧人,他们无法理解为什么成功辩败道教仍然不能避免"末法"时代的到来?

---

❶ 庭辩内容出自《续高僧传·释智炫》。

和尚们怨恨周武帝专横跋扈,同时也怪罪那些躲在皇权身后的江陵北迁南士,正是这些人教会了皇帝阅读各教经卷的方法,佛家典籍才会在君王眼中如此错漏百出。

九十年后,唐朝著名僧人道世编著了一本《法苑珠林》,他的书中转载了一则故事:

贞观元年(627年),遂州人赵文信暴死,魂魄进入地府。阎罗王问他:"生前修哪种功德?"赵文信答道:"一生只喜欢读庾信的文章。"阎罗王又问:"那位庾信是个大罪人,正在地狱受苦,你认得他吗?"赵文信答道:"虽然读庾信的文章,但不识其人。"阎罗王命下属带来一只一身多头的大乌龟。不一会儿,乌龟化作人形,说道:"我是庾信,因为生前写文章妄引佛经、杂糅俗书、诽谤佛法,又说佛教不及孔老之教,如今只得经受龟身之苦。"三天后,赵文信起死回生,因地狱所见而信有神佛,故在遂州广传佛法。

佛教对南士的恨意竟然转化为人所不齿的诅咒,哪能见到半点佛门的慈悲?

北周灭佛期间,周武帝也曾直面一位僧人的恐吓:"地狱不论贵贱,陛下难道不怕?"周武帝答道:"只要让百姓得益,朕并不害怕地狱诸苦。"❶

梁武帝萧衍崇信佛教,身亡贼手;梁元帝萧绎亲讲老子,转瞬国倾。看惯了兴衰成败的南士们可能不止一次地提醒周武帝,民不聊生的人间地狱比之阎罗王的阿鼻地狱更可怕!

---

❶ 出自《广弘明集·辩惑篇》。

联陈攻齐

567年，北周的一次南征导致周、陈关系恶化。五年后，周武帝派遣使臣出访陈朝，希望重修旧好。在谈判的过程中，南士扮演了什么样的角色？

566年5月31日，陈文帝陈蒨病逝，皇位交由十二岁的太子陈伯宗继承。皇叔陈顼进位司徒、录尚书、都督中外诸军事等要职，辅佐朝政。由于历来幼主强辅的结局过于雷同，所以陈顼之心，路人皆知。

陈朝湘州刺史名叫华皎，原是陈文帝的亲信，他预感一旦陈顼谋朝篡位，先帝的势力必将首当其冲地遭到排挤。567年6月，当陈朝果然任命了一位新的湘州刺史取代华皎时，他当即宣布以所辖之地向位于江陵的梁朝投诚。

梁主萧岿既惊又喜，赶忙将此事禀告了宗主国北周，并极力建议周武帝发兵攻陈。周武帝仔细判断了南北形势，他认为陈顼滞留长安七年，返国仅仅四载，没有足够的时间了解自己的国家、团结手下的官员以及赢得百姓的支持，从而周武帝认定陈顼必是没能掌控全局。况且，当年岳阳王萧詧来投乃有江陵之胜，如今陈朝大员来附，何尝不是攻伐之机？于是，周武帝派出以卫公宇文直为首的几支大军征讨陈朝，满心期待一场决定性的胜利。

然而，长江始终是北方政权南下的大麻烦，宽阔的江面不但要求随时变换水陆兵种，而且严格考验兵种间协同作战的能力。曹操赤壁之战的惨败已然表明,即便那些用兵如神的军事家,皆有可能在长江的水面上折戟沉沙。卫公宇文直年少轻狂,用兵鲁莽,不肖说实战技法,兵书里的文字亦或还是一知半解。在周军尚未取得长江控制权的情况下,宇文直急于建立南岸根据地,命令副帅长湖公元定领兵渡江,围攻郢州(今武汉市武昌区)。

自东晋以来,南朝拥有两百多年把守长江天堑的经验,而北周的水军却丝毫谈不上训练有素。随着北周的战舰被逐一击沉,那支身处南岸的元定部队顿失退路,继而遭到陈朝水陆两方的猛烈夹击。经过一番毫无意义的单线奔逃后,元定军队缴械投降,而后被陈朝押送至丹阳囚禁。数月后,长湖公元定抑郁而卒,预示着北周伐陈彻底失败了。

569年2月,陈顼废黜侄子陈伯宗,自立为帝,是为陈宣帝。

寄寓北周的七年里,陈顼见识了一个蒸蒸日上的大帝国。虽然陈朝在抵挡北周的战争中取得了胜利,这只表示防御之力尚存,却不能改变南北实力差距。若想获得永久安全,必须走上自己的强国之路。可是,陈朝在梁末乱局基础上建国,百业待兴,仅靠现有的人口和资源很难改变江南凋敝的景象。尤其让陈宣帝耿耿于怀的是,当初陈朝为了将他赎救回国,付出了土地的代价。所以,无论为了国家发展的需要,还是个人声誉的重塑,陈顼都有着强烈的领土要求。然而,在强敌环视的情形下,他必须耐心等待一个可乘之机。

对于北周来说,那场失败的南征带来的教训非常惨痛。损兵折将自不必说,就连人质外交期间建立起来的周陈友好关系也遭到严重破坏,两国间停止了一切信使往来,不再发生任何接触。

572年,周陈断交五年后,周武帝再也坐不住了,他担心长此以往陈朝可能与北齐结盟,形成共对北周的不利局面。于是,这年初秋,周武帝决心打破外交僵局,命司城中大夫杜杲出使陈朝,主要目的有两个:其一,在于改善两国关系,恢复邦交;其二,假如陈朝愿意重修旧好,还可进一步谋划联合攻齐的事项。

联陈攻齐

鉴于杜杲并不十分熟悉南朝的情况,周武帝传令南士鲍宏充当副使,陪同杜杲一同出访建康。可是,就在杜杲和鲍宏准备出发之际,南行的队伍里又增加了一个人,他就是那位因思念母亲而深夜啼哭的谢贞。

此前南北交好时,谢贞尚可借助往来信使与母亲保持联系。周陈交恶后,音讯断绝,他失去了老母消息,终日以泪洗面。可巧,新近赵王宇文招获准出居封国,在向周武帝辞行时,赵王犹记多年前向谢贞许下的诺言,启奏道:"谢贞至孝,其母年老,恳请陛下放他回归江南。"赵王的仁爱之心和谢贞的孝母之意感动了周武帝,他特降手喻,准许谢贞随同杜杲使团南返。

一行人抵达建康后,陈宣帝相对友好地接待了他们。不管怎样,陈朝属于获胜的一方,没理由将主动言和的北周拒之门外。况且,在三足鼎立的局面下,国家间既不会是永远的朋友,又不会是恒久的敌人。

当杜杲使团提出联合攻齐的建议后,陈宣帝煞是动心,但他却装作非常迟疑,因为他想借此机会先从北周手里榨取一些好处。

陈宣帝见北周无条件放还了谢贞,不觉心生一念,试探性地问杜杲道:"虽然我方修筑馆舍,好生安顿长湖公的手下将士,但恐怕他们不乏江北之恋。王褒、庾信等人羁旅长安多年,应当也有江南之思吧?"陈顼的言下之意是想用元定军的战俘同北周交换江陵北迁士人。

杜杲当即回绝道:"长湖公将士作战无方,临危又不能死战报国,要之何用!他们对于我国好似九牛一毛,得之不多,失之不少,所以从一开始本朝就无此议题。"陈顼闻言,默然良久。

江南数遭变乱,精英损失严重,能够治国理政的官员日不暇给,以致陈朝殿堂上屈指可数的几位饱学之士,仍是梁朝的遗臣。尽管陈宣帝主政后不遗余力地开办学堂、延揽生徒,但人才的培养周期实在太漫长了,短时间内很难改变现状。更可悲的是,自从江陵士人北迁之后,南朝的师承关系受到割裂,形成了无法补救的文化断层。陈顼宁愿用北周战俘交换江陵南士,足可说明人才短缺的恐慌更甚于敌军的威胁。当初一度蔚为大观的盛况南朝,竟然比任何时候都渴望文化的种子!

一阵失望过后,陈宣帝又开出了领土条件:"若想共图北齐,贵国需向我方割让樊州、邓州,以表诚意。"

杜杲再次回绝道:"合力谋齐,难道只为得到我方两邑?所需城镇不是应该向北齐手中夺取吗?我等使臣不敢答应您的割地之请。"

虽然陈朝在谈判中一无所获,但双方还是签订了合作攻齐的密约。陈顼知道,在尔虞我诈的外交辞令下,这样的约定不过是一纸空文。他之所以同意与北周合作,是因为他有一个更为长远的想法。北齐治下的淮南一直是陈顼梦寐以求的战略要地,如能将这一带收入囊中,不仅可以北镇齐国,而且能够西压北周,可谓一举两得。倘若陈朝在江北站稳脚跟,即可重演汉高祖刘邦夺取天下的战略,北定黄淮,西入函谷,一统寰宇。因此,陈顼想要将计就计,兴兵北伐。

573年5月,送走杜杲使团后不久,陈宣帝调集了十万兵马渡江北上,抢先向北齐发起了总攻。

一开始,陈军的进展还算顺利,接连攻下淮南数座城池。可是,一年后,随着战线拉长,陈朝再也无力扩大战果。在北齐的凶猛反攻下,陈军损失惨重。直到此时,陈顼才惊恐地发现,单凭己方的实力根本不足以对抗北齐。于是,他多次派遣使臣赶往长安,游说北周尽快出兵。

周武帝当然不会同意。一次成功的外交策略便可让陈、齐两国卷入战争,还有什么比这更让人惊喜呢。周武帝想要等到陈、齐两败俱伤时坐收渔利,所以他寻找各种借口,谢绝东进。

联陈攻齐

574年4月初的一天,姚僧垣接到皇帝的紧急敕令,匆匆来在后宫。周武帝的生母文宣皇太后病了,或是年老力衰,又或是病来山倒,她躺卧在床,不省人事。

姚僧垣走进太后寝宫的一刻,周武帝赶忙迎上前去,扶着他坐到母亲病榻前进行诊断。不多时,姚僧垣起身复命。

周武帝急切地询问:"母后病体如何?"

姚僧垣长叹道:"假若参照普通人的标准,臣认为凤体堪忧啊!"

周武帝流泪道:"既然姚公有此判断,那还有什么好说的。"

574年4月19日,文宣太后薨。

依照孔子的说法,孩子出生后要在父母的怀抱里度过三年时光,所以为父母守孝三年乃是感激养育之恩的基本礼数。文宣太后是一位生活在政治漩涡中的女人,她给予周武帝的不只是养育之恩。当年,为了帮助儿子赢回亲政的权力,她酌酒做局,铲除了大冢宰宇文护,对于北周政权,亦存再造之恩。

文宣太后过世后,周武帝宣布暂停部分君主的工作,为母亲守三年之丧,甚至在最伤怀的日子里,周武帝命皇太子宇文赟综理了五十天朝政。

至于发兵攻齐一事,周武帝有言在先,居丧期间不会调动一兵一卒。于是,陈朝的军队被粘滞在北齐的土地上,进退两难。

文林学馆

南士颜之推东逃北齐之后,遭到了多年闲置。后主高纬当政后,颜之推得到赏识,帮助北齐筹建文林馆,推行文教战略。在颜之推的努力下,北齐的文化会有所进步吗?

如果让颜之推回到过去重新做出选择,他一定不再偷渡北齐。因为他的人生不但没有因此得到理想中的改善,反倒是在脱离了北迁士人群体后,承受着分外的孤独。

颜之推崇尚纵情任性的生活方式,平日里不修边幅且喜欢饮酒。自从东逃之后,他的这一习惯表现得更加严重了。沦落异乡的哀愁可以借助不拘小节的言行继续装作若无其事,醉酒当歌又能为泪流满面提供充足的借口,可是他心中的悲凉却怎么也骗不过。

在北齐期间,颜之推的夫人相继生下了两个男孩,长子起名思鲁,次子唤作愍楚。鲁指山东,颜之推的祖籍之地;楚指江陵,颜之推的仕官之所。他将一段国破家亡的历史,凝炼成两个念旧的名字,每当呼唤自己孩子时,他必须直面那种痛彻心扉的乡关之思和故国之情。

一次,文宣帝高洋派使官持着一道诏令,前去授予颜之推中书舍人的官职。不巧,颜之推正好饮酒过多,烂醉如泥。因为无法领旨谢恩,使官只得折返回禀。高洋心中不悦,说道:"不必再传达。"颜之推错失了一次在北齐晋升的机会,仍靠"奉朝请"的散官待遇,勉强糊口度日。

颜之推聪颖机悟、才辩敏捷、博览书史、辞情典丽，这表示他是一位卓绝的文士。然而，自从错过第一次封官的机会后，他的才能迟迟得不到发挥。究其原因，在于北齐政局极不稳定。

颜之推入齐后的十余年间，北齐皇位更迭频繁，先后经历了文宣帝高洋、废帝高殷、孝昭帝高演、武成帝高湛、后主高纬五个皇帝。每位新君登临大宝，都要忙于安插自己的亲信，甚或前一任皇帝尚未完成人事变更，继任者又要重复同样的工作。颜之推只身逃难而来，形单势孤，很难引起当权者的注意，因此他又等待了多年，才勉强得到一个赵州功曹参军的职位。

不过，在文化落后的北齐，欲要永久性地埋没一位才高八斗的南朝士人，也并非易事。565年，后主高纬开始执掌北齐，颜之推终于迎来了他生命里的一段辉煌时光。

后主高纬喜欢附庸风雅，对文人学士多有倚重。一日，高纬宣召颜之推入朝，测以朝政之事，颜之推应答如流。又测其文学，颜之推更是从容不迫。高纬意识到，眼前这位外表放荡不羁的南士完全不可小觑，遂在齐都邺城专辟别馆，安排颜之推从事文书事务，称其为"馆客"。

572年，颜之推在借鉴梁朝士林馆和北周麟趾殿的基础上，提议在齐都邺城建立一所专门收纳文人的学术机构，用以推进北齐的文化建设。最终，高纬批准了此议。

北齐文林馆的成立一直为人津津乐道，数十位文人雅士应征入馆，或谈论经史，或吟咏诗赋，或修书立传，展现出一派文教兴国的盛况。颜之推受任通直散骑常侍，领中书舍人，担当知馆事，全面负责文林馆的日常事务。

为了满足后主高纬博览群书的需要，文林馆的学士们摘录历代名著名篇，编纂了一部卷帙浩繁的《修文殿御览》。颜之推就此制定了一套馆藏图书借阅流程：皇帝需要某书，须由宦官传旨。文林馆承命后备足，并交给知馆事核验封署。确认无误后，乃从进贤门送入宫中。待到皇帝签收批示后,才能退出。

然而,无论颜之推如何地尽职尽责,哪怕他一直亲自担负着为皇帝取送书籍的任务,他的努力都无法取得成效。后主高纬看似想要通过大量阅读将自己打造成明君,实际上他却是一位贪恋酒色、残暴多疑的昏君。行欢无度时,枕边的圣贤书从来不曾令他惊悟。妄杀无辜时,古籍里的诤语也不能让他三思而后行。任凭颜之推多么恭谨地奏进书籍,高纬始终不能明白,帝王读书的目的不在于欣赏优美的文辞或精彩的故事,而要从中探求治国理政的要义,以便满足万民的寄望。可是,在高纬的统治下,北齐不但没有走向强盛,反而越来越衰弱了。

573年11月,当陈军犯境并连续攻陷淮南多处州县时,后主高纬不顾前线战事炽然,打算离开首都邺城,进驻别都晋阳。此举在文林馆引起了轩然大波,学士们认为南方酣战之际,不求皇帝亲临沙场,但御驾北行显然不合时宜,因为一旦汹汹之口谣传皇帝逃难而去,将会招致民心涣散。况且,比之邺城,前线战报递送晋阳需要额外耗费两三天时间,不利于军事的指挥和调度。

崔季舒、张雕、刘逖、封孝琰、裴泽、郭遵六位学士联合书写了一份规劝皇帝不可轻率移驾的奏章,并集体签署了名字。在奏章呈递之前,六人走进颜之推的公署,欲要邀请颜之推一起联名。不想,当日颜之推家有急务,已经请假回宅,因而未能具名。

573年11月18日,文林馆学士被传入大殿候旨。岂料后主高纬听信谗言,误以为文人阻拦圣驾北上乃是出于谋反之心,忽然间大开杀戒!可叹那六位联名上书的忠君爱国之士,顷刻血溅殿庭。当时,颜之推也被召入,因为奏章上没有他的名字,仅而得免。

两天后,高纬摆驾晋阳,再也没人敢于阻拦。

侯景之乱时,颜之推落入叛军之手,几度刀口余生;江陵之役时,西魏的屠戮,也让他面对生死;逃奔北齐时,黄河的激流更使他命悬一线。然而,直到亲眼看到文林馆同僚人头落地的惨象,他的

思想终于发生了根本性转变。

颜之推重新思考了文人的道义，继而陷入了深深的矛盾之中。颜之推首先认为，文人士大夫在捍卫至理或保卫国家时，应该具备捐躯的勇气。可是，他又认为，面对残酷的政治局面，士人不必迎难而上，因为一旦死于谗言，则是非常可惜的。

颜之推对"忠义"二字也给出了无法自圆其说的答案，他一方面看重士人的名节，不同意随便转侍他主；另一方面他又主张在家国不定的乱世里，君臣的名分并非一成不变。

不过，颜之推也有相对鲜明的态度，那就是他不赞成士人冒着生命危险追逐荣华富贵。因为他见到太多借助时运而显赫一时的人物，白天还在畅谈雄心壮志，晚上就尸填坑谷，荣华富贵成了杀人的利刃！所以不久后，当颜之推接到黄门侍郎的任命时，他没有开心的感觉，反倒不断提醒自己，是时候终止政治上的进取心了。黄门侍郎属于中品官职，既能避免下吏的卑微，又不会招致太大的风险，这是他能够接受的极限权位。

颜之推考虑过归隐，但他不敢。因为可怕的谤言会将一个人的闭门谢客描述成不满朝政，这很可能伤害到他和他深爱的家人。

颜之推反复告诫自己的孩子："父亲和兄弟不能长久依靠，国运和家庭也不会永久存续。倘若流离失所，不会有人庇荫，只能求助自己。"所以，他鼓励后代积极学习文化本领，随时防止家国有变。颜之推已然看出，北齐恶劣的政治环境正是王朝末日的表征。

周师东讨

575年,北周出兵征讨北齐,但以失败告终。576年,周武帝采纳南士鲍宏的策略,二度攻齐。这一次,北周会成功吗?

北周大将军韦孝宽,出身于北朝汉人家庭,年轻时参军入伍,在西魏大丞相宇文泰麾下效力。因屡建战功,进爵为侯,初拜晋州刺史,负责镇守东魏和西魏之间的军事要塞玉壁(今山西稷山西南)。

546年,东魏丞相高欢亲率大军攻打西魏,行至玉壁,围而击之。高欢原以为拿下此城易如反掌,却不料一座坚固的城池配上一位防守得法的将领竟能达到坚不可摧的程度。高欢试遍了各种破城之法,均被韦孝宽一一化解。两个月后,高欢自认无计可施,选择了退兵。极具讽刺意味的是,为了预防韦孝宽乘机追袭,东魏军队不得不丢弃辎重,在夜色掩护下,遁逃而去。高欢自发迹以来,经历的战阵不胜枚举,罕有玉壁这样的惨败。恼怒郁结于心,渐渐成疾,最终高欢病逝于晋阳。韦孝宽一战成名,进爵为公,改任雍州刺史。554年,西魏出征江陵期间,韦孝宽受拜大将军,随同于谨南下攻梁,为自己再添新功。

韦孝宽是一位能征惯战的武将,却很喜欢阅读南朝的经史书籍,这大概是异族治下的汉人确认自我族属的方式。周武帝得知韦孝宽有此雅好之后,特意将他接纳为麟趾学士,任其出入麟趾殿饱览群书。非是真要韦孝宽舞文弄墨,只为成就他的文学之名。

江陵北迁南士

在江陵北迁南士主导的麟趾殿里，韦孝宽不可避免地同他们产生交流，双方逐渐结下了深厚友谊。韦孝宽非常仰慕南士的博学，哪怕只是简单的字词，他们也能滔滔不绝地讲出很多道理。比起尸横遍野的战场，麟趾殿的宁静和悠远的墨香让韦孝宽深深陶醉其中。在南士的帮助下，韦孝宽的文化素养有了长足进步，甚或成了一位儒将。

不过，交流从来都是双向的。韦孝宽的到来在麟趾殿里刮起了一阵钻研战略战术的风潮，其中以南士鲍宏的兴趣最为浓烈。每当韦孝宽绘声绘色地讲述他如何在玉壁凭一己之力对抗了一国之军时，鲍宏总是带着崇拜的神情认真聆听。而当韦孝宽谈到江陵之役时，鲍宏听得更加聚精会神，因为他终于能够在攻城的视野里观察前朝败亡的经过，这极大地增加了他对国运的感知。

鲍宏从韦孝宽那里学到的战略眼光和军事思想是相当出色的。572年，他随同杜杲出使陈朝期间，名为副使，实则是一位陈朝国情的观察者，他无时无刻不在记忆和分析着南北双方的形势。当鲍宏返回长安后，周武帝马上召见了他，详细听取了江南的情况，并对陈朝攻打北齐的结果进行了初步的预估。

最后，周武帝向鲍宏请教："假如我方出兵攻齐，应该采取何种策略？"

鲍宏答曰："我强齐弱，实力占优。齐主亲近小人，朝政日乱。而陛下仁惠慈恕，法令严明，因此我方必胜无疑。但是，此前先帝❶数次派兵东征，总是围攻洛阳，敌人早有防备，所以皆不成功。依臣微见，进兵汾水、潞水，出其不意直取晋阳，应该是上策。"

后来，韦孝宽也向周武帝上书，提供了三条攻打北齐的方略，同样主张避实就虚，先北后南。如此看来，鲍宏虽是不会领兵打仗的文人，但在战略思想方面却得到了韦氏的真传。

575年8月13日，陈朝又一次派来使臣，用近乎哀求的语气，劝

---

❶ 指宇文泰。北周时期，宇文泰被尊为文皇帝。

说北周发兵攻齐。两年过去了,陈朝国力耗费巨大,无法继续支撑局面。陈宣帝也早就放弃了包举宇内的梦想,退而只求保住江淮间的战果。甚至在齐军的反扑下,这一愿望实现起来也是异常艰辛。陈顼明知周陈密约不具任何效力,但除了游说北周参战之外,他想不出其它办法。假如收兵南返,实在心有不甘。

面对陈朝使者的不断请求,周武帝召开了紧急军事会议。这一次,他决定改变坐山观虎斗的策略,准备出兵伐齐。因为持续拖延下去,陈朝有可能逃离战场。

文宣太后的三年丧期尚未过半,可是《孝经》有云:"德教加于百姓,刑于四海,盖天子之孝也。"一位帝王不应该通过长久的呜咽来告慰父母的在天之灵,而要统御四海,广施德政,使全天下的父母都能丰衣足食。因此,在整个服丧期间,周武帝始终准确地权衡着孝道的执行尺度,每遇军事部署或重大国务,他必亲自听朝。适逢陈朝和北齐互耗国力的关键时刻,挑选介入战局的最佳时机显然比恪遵孝行更为紧要。北周看似按兵不动,暗中却一直在厉兵秣马。

575年8月16日,陈朝使者抵达长安的第三天,周武帝下发讨齐诏书,宣布:"朕当亲御六师,龚行天罚,庶凭祖宗之灵,潜资将士之力,风驰九有,电扫八纮。"❶这份诏书文笔恢宏,对仗工整,骈丽得宜,具有典型的南朝风格,可见王褒参与朝廷制诏多年后,北周的文书表达已经发生了改头换面的变化。四十年前,一次大丞相宇文泰即将东征时,西魏皇帝给他下达了一条授权诏书:"卿可为大都督,即相统领,知欲渐就东下,良不可言。"❷比较而言,长安政权分属两个时代的行文,竟是这等天壤之别!

五日后,北周大军集结完毕。周武帝亲率主力大军六万人,在几支策应部队的配合下向北齐大举进发。但是,由于周武帝非常担心陈朝乘虚西进,所以他并未采纳鲍宏和韦孝宽的策略,而是一路

---

❶ 选自《周书·武帝下》。

❷ 选自《周书·文帝上》。

向东,直取洛阳,意在留出回护本土的余地。然而,正如鲍宏预料的那样,北齐在洛阳早就设有重兵,周军强攻二十天仍旧无法破城。随着敌方援军陆续赶来,陷城的难度越来越大了。

更为不利的是,周武帝突然病了。一类情似中风的疾病,带给他三个痛苦的症状:口舌麻痹,不能说话;眼睑覆目,无法视物;一足短缩,难于行走。

周武帝躺在大帐之内,既不能下达军令,也不能阅读军情,还不能巡查军务,现场官员急作一团。

幸好北周伐齐是一次全员行动,许多南士也随军出征,姚僧垣便是其中之一。他仔细查验了皇帝的病情,根据多年行医经验判断,皇帝之所以染此迅疾,当是五脏六腑皆已生病。这种情况对于治疗来说,存在不小的麻烦。因为依照五行与脏腑的匹配规则,不能采取全方位的治疗措施。倘使针对三种症状一并用药,将会因为生克互抵而影响最终的疗效。考虑到军中最紧急的事情莫过于指挥命令的传达,姚僧垣首先开列一剂处方,医治皇帝的口舌。周武帝服用后,很快就能开口讲话了。

575年9月29日,鉴于战略选择的失误和自身的健康状况,周武帝传令班师回朝。

退兵途中,姚僧垣针对皇帝的眼睛开出了第二副药剂。半个月后,大军退至华州时,周武帝得以重见光明。姚僧垣这种逐个击破的治疗方法还取得了一个意想不到的效果——周武帝的足疾不治而愈。姚僧垣治病有功,就地被封为华州刺史,但因其年事已高,周武帝特许他随驾回京,不必在任。

面对第一次东征的失利,周武帝重新设想了进攻的方法。经过几番讨论之后,鲍宏的平齐策略被列为优先考虑。

576年11月,经过一年时间的重整旗鼓,周武帝再度御驾亲征。大军沿着汾水北上,不数日便占领了晋州城(今山西临汾)。

晋州是北齐西北部的一处战略要地,与高氏政权存在着极深的渊源。北魏末年,高欢从晋州刺史的职位起家,通过兼并山东势力,终以丞相的身份控制整个东魏的运转。如果说高欢是北齐的奠基人,那么晋州则是北齐的发祥地。

当周军攻破晋州之时,有人问南士萧大圜:"你认为北齐会亡国吗?"

萧大圜答道:"以前高欢从晋州发迹,此地是高氏的根本所在。如今根被拔起,岂有不亡之理?所谓从哪里开始,必将从哪里终结是也!"

自周南返

北周伐齐期间，周武帝为了取悦陈朝，放归了部分南士。这些南返的士人又是如何行事的呢？

侯景之乱平定后，殷不害将母亲从建康接到江陵，他考虑最多的是如何孝顺老母，让其颐养天年。可是，殷不害没有想到母亲会在乱军中身死。

本来西魏士兵早就接到了善待梁朝官员及其家属的命令，但意外到底还是发生了。深感歉疚的西魏士兵在强迫殷不害北迁之前，准许他安葬了母亲的遗体。可是，这又能挽回什么呢？

在羁旅长安的日子里，殷不害坚持穿布衣，吃素食，遥守母丧。他身体瘦削，神形枯槁，却仍旧不遗余力地展示着自己的悲伤，以此控诉着长安政权的不可原谅。宇文氏自知与殷不害之间存在一段难以弥补的杀母之仇，不忍怪罪他，却也不敢启用他。于是，这位曾被梁武帝萧衍誉为"精于吏事"的文人，就这样在北周的政局里默默无闻地沉寂了二十年。

575年，北周第一次伐齐之际，周武帝突然传下诏令，准许殷不害南返。

作为一位深谋远虑的君主，周武帝善于提前思考潜在风险，他一直担心北周出兵东征之时，陈朝会做出偷袭之事。所以，他一方面加强军事防范，另一方面想要通过外交手段向陈朝示好。根据之前杜杲使团的回报，周武帝得知陈宣帝曾有意用俘虏交换江陵北迁士人,因此他相信,没有比无条件放归一位南士更能令陈朝愉悦的了。于是,殷不害成了献给江南的礼物,目的在于让陈顼误以为能够在两国的合作关系中得到想要的一切。

陈宣帝欣喜地接受了周武帝的"诚意",对远道归来的殷不害重视有加,先后授予他司农卿、光禄大夫、明威将军、晋陵太守等官职。可是,殷不害却没有办法为陈朝付出太多真实的努力,因为北周仍然扣留着他的长子殷僧首,他在江南的一举一动将直接关乎长子的命运。

周武帝的"南士外交"策略是成功的,陈朝始终信守着投桃报李的准则,即便在北周东征失利的情况下,也没有采取任何趁火打劫的举动。

576年,北周第二次伐齐之前,周武帝决定再次放归一些江陵北迁士人。这一次,周武帝大方了许多,他准许南士司马皓和司马延义父子一同南返。

司马氏父子是晋朝皇室的后人,他们最有名望的祖先可以追溯到三国时期的司马懿。不过,随着东晋灭亡,司马氏失去了政治上的显赫地位,仅留下能够博得他人尊敬的家族门第而已。

司马皓生于建康,十二岁时,他的母亲病故。在为期十天的守丧时间里,司马皓粒米未进,几度晕厥,以致亲戚们都很担心这将毁掉他成长中的身体。可是,司马皓在旁观者的惊叹声中,硬是坚持了下来。在当时南朝的社会评价体系中,孝道是最直接的研判家族门第高低的指标,父母在世时自当恭敬顺从,父母过世后亦需恪守丧礼,否则就会让家族蒙羞。所以,对于世家子弟来说,灵堂不仅是祭奠先人的处所,更是捍卫家族荣光的战场,因为只有凡夫俗子才会在履行孝道时爱惜身体。特别是司马氏已经丧失了政治权力,家族门第是他们仅有的财富,更值得用生命捍卫。

司马皓自戕的守丧行为最终得到了回报,不但族人和百姓对他极尽溢美之词,而且梁武帝萧衍看到他瘦骨嶙峋的样子后,也大为

自周南返

感叹:"正是有这样的孩子,司马氏的家风才得以保持啊!"这就值了!还有什么比皇帝的赞扬更能光耀门楣呢?

待到父亲去世时,司马皓不仅将上述孝行再次严格地执行了一遍,同时还辞去了梁廷正员郎的职务,在父母的坟地旁搭起茅屋,一守就是数年。据传,在此期间,常有两只斑鸠飞来与司马皓相伴,而虎豹豺狼等猛兽却不见踪影。这一孝感天地的故事历久弥新,在当地流传了很久。

梁元帝萧绎称帝后,司马皓被礼聘至江陵,担任太子庶子一职,负责皇太子萧方矩的日常教化。后来,江陵陷落,司马皓与妻子和儿子一同北迁长安。

两百多年前,北方大地属于西晋辖区。五胡南下之后,抢国夺地,致使司马氏败走江南。虽然历史已经相当久远,但司马皓从未忘记与胡人之间的世仇。因此,留居长安的二十多年里,他不愿为北周付出哪怕一点点力量。除了那次回到江陵重葬梁太子的事迹之外,他在北朝没有任何值得一表的作为。

司马皓的夫人病逝于长安,其子司马延义承袭大孝之风,依照礼法中最难完成的标准为母守丧,孝行比之当初的司马皓犹有过之。而且,当司马父子接到周武帝准许他们南返的诏令后,司马延义更是做了一件骇人听闻的事情,他把母亲的尸骨从墓中挖出,重新殓入一副薄棺,决计在南归的一路上负棺而行!《葬书》有云:"父母骸骨,为子孙之本。子孙形体,乃父母之枝。一气相应,由本而达枝也。"即使母亲仅剩枯骨,仍有气息与孩子相通。何况当初一家人共同来在异国,怎忍心让母亲埋骨他乡?

司马延义孝心可嘉,但是他的执着让他在南返的一路上遭受了极大的肉体痛苦。由于阴阳有别,运送亡人的灵柩必须借着"天星垂光"的夜色,才不至于妨害到死者的阴魂,司马父子选择昼伏夜行。时值隆冬,霜冷星寒,司马延义背着母亲的尸骨,在冰雪覆盖的夜路上艰难跋涉,手臂和腿脚出现大面积冻伤。待到他父子二人抵达建康时,司马延义的四肢已经多处溃烂,严重影响了弯曲功能,几近废人。

不过,司马父子毫不后悔。他们就是要利用这种看似极端的孝行,表达对北朝的蔑视。胡人可以获得他们先祖的土地,可以俘虏他们的身体,但永远不能战胜他们的家族精神!

陈宣帝重赏了司马皓和司马延义,并授予他们枢要的官职。经过几年的调理,司马延义的伤情也渐趋好转了。

大儒沈重自565年借调入北以来,已在长安度过了十个年头。北周接连遣返南士的举动,诱发了他的思乡之情。沈重向周武帝呈递了一份奏章,申请回归江陵,理由有二:其一,他借聘入北的时间已经超过了约定的期限;其二,他现年七十五岁,按照官员七十岁退休的规定,也已超龄数岁。

可是,周武帝非常不舍。想这许多年来,沈重为北周的儒学做出了巨大贡献,他虽是借调之臣,实为一国之师。周武帝降诏婉拒道:"您是南方良才,值得虚心请益;您是江东重宝,可以拯救时弊。故而将您聘至北国,陪侍驾前,备以征询。卿身为梁朝旧臣,数代官宦,因蒙受南朝恩宠而不忘故国,这值得赞扬。但是,楚材晋用,早有先例,何况您仍然是朝廷急需的贤才,义理乖谬之处还有待您的整肃。"

然而,心念一动,沈重的情绪再也不能平复,他二次上表,固请回国。周武帝不忍强行阻拦,特派小司门上士杨汪,护送沈重南返。

小司门上士杨汪是北朝汉人,年轻时不学无术。后来,一朝醒悟,开始发奋攻读《春秋左氏传》和《三礼》等书。可是,儒学对根基的要求极为苛刻,很难做到无师自通。杨汪苦读数载,也只能粗通儒理,继而萌生了向南士求教的想法。最终,他拜在沈重门下修习《礼记》,又入刘臻府中学习《汉书》。在两位南士悉心培养下,杨汪的学问突飞猛进,成为长安炙手可热的学术新秀。

自周南返

周武帝知道沈重与杨汪之间存在着一层师徒关系,故将护送沈重回国的任务交给他。可以想见,整个南下途中,师徒二人必是探讨了一路的义理,沈重也必然嘱咐杨汪,定要将儒学在北朝发扬光大。

沈重回到江陵后,梁主萧岿重新授予他散骑常侍、太常卿的官职,加之他在北周得到的骠骑大将军、开府仪同三司、露门博士,沈重在南北两朝各自拥有一套公职身份,表露着这仍是一个分裂的时代。

一百五十年后,唐玄宗李隆基迎纳了一位名叫杨玉环的妃子。此女天生丽质、能歌善舞,常与唐玄宗切磋音律。可惜安史之乱时,杨玉环被要求承担乱国之罪,赐死马嵬坡。

杨玉环的高祖即是杨汪。或许杨汪从沈重处学到了足够多的儒家乐理,并将其传之后代,不然杨贵妃怎会有那样婀娜多姿的舞步和凤吟鸾吹的乐感呢?

北齐覆亡

577年,北周取得了伐齐的胜利,收获了东方的领土。当初逃往北齐的颜之推将会迎来怎样的命运?

北周对外征伐多选择在秋冬季节,南袭江陵时如此,攻打北齐时亦如是。这一做法极其残酷,其诉求不只是消灭敌人的有生力量,还在于利用寒冷的天气尽可能多地消耗敌方的战略物资,从而摧毁敌国的经济体。虽然己方的耗费也会增加,但敢于采取互耗资源的方式瓦解异邦,说明长安政权对自己的国力充满了信心。

自从北周加入战团之后,北齐的国库出现了大幅亏空,乃至官俸都不能及时给付了。黄门侍郎颜之推眼见国家财政困难,向后主高纬上书,建议针对关市、舟车、山泽、盐铁、店肆等项目增加新税种,用以补足军国之需。高纬批准了此议。

然而,文人经邦济世的才能虽然大有可观,但颜之推给出的应急策略实在缺乏周全的考虑。由于此次增税直接作用于市场的经营和交易环节,使得本已濒临崩溃的北齐经济再遭重创。同时,在连年征战民无余物的情况下增大税收,不啻于横征暴敛。上至官员,下至百姓,逐渐对拮据的生活怨声载道。

高纬却很开心,他将新增税款全部用作宫中声色犬马的费用。至于军事和行政开销,他一概不予关心。这样一位只愿享受权位便利而不愿思考自身义务的帝王,无疑具备了亡国之君的典型特征。

576年11月,北周攻克晋州(今山西临汾)之时,高纬正在别都晋阳（今山西太原）附近一处名叫祁连池的山中狩猎。高纬似乎不懂得时间对于战争的重要，即便求援的情报堆叠数层，为了让一位宠妃玩得尽兴，他仍旧再猎一围。而且，从晋阳赶赴晋州的救援过程也好似蜗行牛步，周军因此得到了充裕的时间修缮城池，并做好了应对齐军夺城的准备。

周武帝在晋州城中囤积了大量粮草，又置下重兵防守，而后传令主力部队后撤，故意将一座孤城留给齐军攻打。高纬不知有诈，指挥军队合围晋州，接着便是夜以继日地攻城，但久攻不破。

周军的反扑如同山崩海啸，齐军顿时陷入内外夹击的困境。577年1月10日，晋州城南一场决战，齐军被杀得大败。高纬试图管控溃散的人马，但没有成功。在几十个骑兵的保护下，他逃回了晋阳。

周武帝乘胜追击，高纬大惧，弃守别都，带领嫔妃逃往首都邺城。周军攻破晋阳之后，挥师南下，向邺城进发。至此，高纬已是回天乏术。随着北齐军兵纷纷叛逃，邺城连最基本的防御都难以组织起来。

黄门侍郎颜之推向高纬提议，应该尽快在黄河南部招募兵勇固守京师，倘若不能成功，可以投奔陈朝。高纬初时赞同此议，但与其他大臣商议后，他宁愿退守山东。倾国的危机加重了高纬的疑心，颜之推本是南人，南人劝南，怎么会是良策？不过，在计无所出的时刻，高纬总算认识到文人谏言的可贵，他任命颜之推为平原太守，令其据防河津，阻遏周军追击的步伐。可是，周军来势汹汹，锐不可当，而颜之推却没有任何义务为北齐死难，他选择了开城出降。

577年2月28日，后主高纬及皇室成员在逃跑途中被周军擒获，北齐覆亡。

南北朝时期存在一种名叫"露布"的捷报传播方式，就是将胜利的消息书写在布帛上，制成锦旗，由信使举在手中或插于背后，骑着快马向四面八方广而告之。《平齐露布》是由南士刘祥主笔的，他在有限的篇幅内,用极其精简的语言,准确地传达了周武帝的皇命。露布大体内容如下:北周"兵以义动",攻打高氏只为"翦除凶暴",所以齐民不必恐慌;北周将继续承认齐人的财产权,"瓦木诸物,凡入用者,尽赐下民,山园之田,各还本主"。❶

北齐民众见露布言辞恳切,感受到了北周的诚意,很快安定了下来。

577年3月中旬,周武帝传令班师,后主高纬及北齐皇室成员被全部押送长安。同时,由于周武帝在江陵南士营造的文官政治中受益良多,所以他格外珍惜文人的价值,点名要求包括颜之推在内的十八位北齐文士随驾西迁。

到达长安之后不久,颜之推等齐士获赏了住宅和财物,并被授予了官职。可是,文人的特质决定了他们会经常沉溺于亡国的叹息中,生发着对前朝的缅怀。

西迁长安后的第一个深秋,颜之推与北齐旧友相聚一处,以"鸣蝉"为题,咏物伤怀。

"听秋蝉,秋蝉悲,非一处。"颜之推在此起彼伏的蝉声中听到了悲声。"细柳高飞夕,长杨明月曙;历乱起秋声,参差搅人虑",在这样一个柳杨飘零的秋天里,思绪是那样容易被蝉儿的啼鸣搅乱。"垂阴自有乐,饮露独为清",可是蝉儿每天饮食甘露,怡然自得,为何还要大声喊叫呢?"剑影奔星落,马色浮云起",难道是为人间的刀光剑影感到不安吗?"红颜宿昔同春花,素鬓俄顷变秋华。中肠自有极,那堪教作转轮车。"那么看我颜之推吧,即便青春已逝,命运波折,任是腹中有断肠之哀,仍旧不吭一声。❷

577年11月,周武帝借口高纬谋反,几乎诛绝整个北齐皇族。"谋反"正是北齐文林六学士枉死的罪名,周武帝如此回敬高纬,颇含了几分恨意在其中,因为平定齐国后,他少获了六位贤才。

❶ 选自《周书·武帝下》
❷ 本段引文出自《初学记·听鸣蝉诗》

颜之推听闻高纬的死讯，陷入了难以言表的悲痛中，不是为暴君不平，而是为自己不值。颜之推气恨高纬遇事不明，本来约好邺城丢失后一道奔陈，终是不听良言，身死人手。在后来创作的《观我生赋》中，颜之推不无感慨地写道："余一生而三化，备荼苦而蓼辛。"他将后主高纬之死与简文帝萧纲被杀、梁元帝萧绎被害并列相称，认为自己亲历了三次亡国之祸。颜之推的内心里对自己充满了苛责，为什么先后侍奉多帝临危却不能救出一主？尤其让颜之推无法面对的是，北周在昔日江陵同僚的辅佐下走向了强盛，而齐国却没有因为自己的存在而步入繁华，那么当年舍命奔齐之举，该是多么愚不可及啊！人生不可重来，天命何其难测，如今只剩下悔恨交加时的痛哭流涕而已！

北周的胜利庆典隆重而热烈，周武帝论功行赏，加封了许多人的官职和爵位。最后，他想到了一个为北周走向强大而默默奉献了青春的群体。

577年12月，周武帝下诏："江陵平定后沦为奴婢的梁朝人，必须全部放免，身份和户籍依照北周军民通行的标准办理。"

二十二年过去了，江陵北迁百姓终于迎来了彻底的解放！

可是，他们中有些人已经故去，有些人正在老去，有些人因为自己是奴婢，生下的孩子也要记入奴籍。他们从来不曾忘记故乡的样子，在安静的夜里默念着自己的祖籍。杂乱无章的世道掩盖了他们凄苦的命运，千头万绪的历史谁又在意这些低贱的人生？

颜之推在《观我生赋》里回忆北迁场景时，心有余悸地写道："怜婴孺之何辜，矜老疾之无状。夺诸怀而弃草，蹈于途而受掠。"苍天若有好生之德，怎让江陵人蒙此大难！

庾信在《哀江南赋》中描绘江陵百姓入北后的情状时，写道："况复君在交河，妾在青波。石望夫而逾远，山望子而逾多。"由于被分配到不同的主人家里做奴婢，夫妻拆分，子女离散，其中又有多少临别的哭嚎！

沈炯在《归魂赋》里遥思寄居长安的心境时,写道:"去父母之邦国,埋形影于胡戎。……抱北思之胡马,望南飞之夕鸿。"回家成了永恒的愿望!

北齐覆亡

周武宾天

578年，周武帝宇文邕病故，北周皇位由皇太子宇文赟继承。新君登基之后，北周会沿着强盛的道路继续走下去吗？

当陈宣帝从周灭齐的目瞪口呆中缓过神来时，他简直恼羞成怒。陈朝先期攻打北齐两年，仅得到江淮一带，而北周三个月便占领了齐国全境。替人做嫁衣的悔恨和对北周坐收渔利的憎恶，让陈顼根本无法冷静。他决意要渡淮北上，向周人手中抢夺徐州和兖州，为进一步攻打长安一统中原做准备。五兵尚书毛喜进劝道："陛下新近才彻底平定淮南，民心仍旧浮动不安。而北周初吞齐国，其势正盛，难与争锋。况且放弃水战，运用骑兵和步兵，非我方所长。臣以为不如保境安民，假意与周结好，暗中做长久打算。"毛喜对陈顼有救赎之恩，一向受到敬重，但此时的陈顼根本听不进他的谏言，于577年11月下令陈军渡淮北进。

周武帝派出上大将军、郑国公王轨统兵迎敌。578年3月，周、陈两军在徐州东南展开激战，王轨一举歼灭了陈军主力。随后，周军趁势南进，攻取了江淮之间原属齐国的全部领土，一统长江以北。至此，陈朝辛辛苦苦打下的战果，尽数化作乌有。

这是周武帝宇文邕的时代！自560年继位以来，他诛权臣亲理朝政，灭佛道富国强兵，平高齐北方大定。他性情果决、深谋远虑、克己励精。在位十九年间，正国体、昌文教、兴府兵，堪称一代千古圣君!

578年6月13日,为了扫平北方突厥边患,周武帝又一次踏上了征程。四天后,大军行至云阳宫(今陕西省淳化县境内),周武帝忽感身体不适,下诏暂缓征伐。

第一次攻打北齐时,他罹患的那场重病一直没有得到彻底调养,如今宿病未尽,新病再发,身体各项指征急转直下。周武帝大吃一惊,速召姚僧垣前来诊治。不巧,年近八旬的姚僧垣新近获准退休,并未随军出征。待到这位名医从长安马不停蹄地赶来时,周武帝的病情已经不容乐观。

姚僧垣颤巍巍地伸出手指,搭在了皇帝的手腕上。那一刻,他顿生哀惋。病榻上这位君王年仅三十六岁啊,两百多年的乱世仍待他力挽狂澜,水火中的万民尚需他皇恩普救,然而这微弱的脉相该如何是好?姚僧垣痛恨自己学艺不精,搜肠刮肚竟想不出任何救命的良方。

有位内史官将姚僧垣唤到一旁,轻声探问:"至尊脉候如何?"姚僧垣忧伤地答道:"天子上应天意,或许我不能准确断验。倘若普通人病重至此,万无一全。"

姚僧垣曾为南北朝数位皇帝和数不清的王侯公卿治疗过疾病,他自然知道生死面前众生平等,地位的高低又怎会影响寿命的长短?姚僧垣盼望的奇迹终究没能出现。578年6月21日晚间,周武帝宇文邕在返京的舆车上龙驭宾天。

根据遗诏,北周的皇位由太子宇文赟继承,是为周宣帝。

尽管周武帝多年前就已安排名士培养这位继承人,但后天的教育无法改变皇太子本性中的愚顽。在父亲的葬礼上,宇文赟没有半点伤心的神色,他抚摸着脚上被父亲责打后留下的杖痕,痛骂先帝道:"死晚了呀!"周武帝去世二十二天后,宇文赟便将父亲下葬。随后,他脱掉丧服,开始筹备登基庆典。

京兆尹乐运见状,愤然上书道:"三年丧期,自天子到庶民皆如

周武宾天

此，先王的礼制怎可破坏？《礼记》规定：'天子停灵七个月方可入土。'为的是等待四海之内的人员前来悼念。现在仓促埋葬，又匆忙除去丧服，到底是何缘故？疆域之内，奔丧的人们正在赶来。临邦远国，吊唁的使者尚未抵达。若是穿着丧服接受他人祭奠，就不应该宣布除服。若是穿着吉服接待丧使，不知出于哪种礼节？进退都没有道理，臣深感不安。"宇文赟阅毕，置之不理。

面对父亲留下的江山社稷、君位权柄、官员百姓等财富，周宣帝并不感激，相反他时常记起一桩遭受父亲杖责的旧案。那是北周伐齐期间，西方的吐谷浑趁机骚扰边境。因为双方的冲突尚未达到战争级别，周武帝乃命皇太子领兵巡视西土，他的目的有二：一是通过夸耀武力，警示敌方；二是希望皇太子能够初步熟悉军事编制，并建立未来大子与将士之间的友谊。

可是，宇文赟离开京城之后，非但不以身作则，而且多次带头违反军纪。随行的太子侍读颜之仪不停地苦劝，但宇文赟根本不听。当时，北周元老、郯国公王轨亦随太子出征，宇文赟的肆意妄为让他十分忧虑。回朝后，王轨乃向周武帝如实禀告了皇太子的军中行径。周武帝勃然大怒，抡起木杖，毒打太子，伤及宇文赟的脚面，留下了永久的伤痕。周武帝仍然怒气难平，以失职之罪严惩皇太子身旁的属官，只有南士颜之仪因屡谏太子受到嘉奖。

自此以后，宇文赟对郯国公王轨恨之入骨。他有一个极其卑劣的想法，认为若不是王轨多嘴多舌，自己绝不至遭到责罚。所以，当他登基之后，马上派出使者赶往徐州，赐王轨一死。

颜之仪得知消息，紧急入宫，伏在地上一个劲地叩头，央求周宣帝赶快追回成命。郯国公乃国之重臣，有功于宇文氏社稷，杀之必让世人心寒。而且，即便王轨此前犯有妄言之罪，他在徐州力克陈师的战绩，足可将功补过。

周宣帝看着泪流满面颜之仪，大为恼火，传令将他收押，欲要共治其罪。不过，周宣帝知道自己的侍读颜之仪为人公允，从不计较个人私利，又相信他与郧国公之间没有实质瓜葛，很快就把颜之仪释放了。但是，王轨究竟未免一死。

一位江陵南士拼死保护一位北周宿将，这一场景耐人寻味。二十多年过去了，南士们逐渐习惯了北方的生活，抛掉了偏安的思维，不再像从前那样区分南北。长安是西周的建都之地，又是秦始皇的称帝之所，还是汉代未央宫的兴造之处，曾有多少帝王怀着大一统的梦想，站在长安的城楼上凝视着南方的大地啊。原来北方才是炎黄子孙的政治故土，江南不过是汉人的逃难之邦！况且梁亡之后，故国已改，乡关又在何处？

当南士们的视野重叠了历史的观感之后，那一双双南眺的望眼，开始翕动起兴奋的光芒。特别是周灭齐的大获全胜让他们无比确信，如今的天下大势，恰似秦灭六国之时，江山一统指日可待了。

然而，纵观中国的历史，大一统的任务从来不曾交由周宣帝这样的君主完成，此时的华夏大地正虚位等待一名真正的帝王。

573年，宇文赟被立为皇太子不久，周武帝为他纳娶了一位名叫杨丽华的妃子。这一年，宇文赟十五岁，皇太子妃杨丽华十三岁。周武帝之所以让儿子早婚，是经过一番慎重考虑的。当年父亲宇文泰临终时，因为自己的孩子幼小而不得不向侄子宇文护托付天下的教训，过于刻骨铭心。周武帝认识到，及早让皇太子娶妻生子，不单是延续家族血脉的办法，更是维持帝国宗法的途径。

然而，智者千虑，必有一失。虽然皇太子年少成婚能够解决新生代继任者的问题，但同时也会带来一个极大的隐患，那就是外戚势力很容易获得充足的发展时间。

皇太子妃杨丽华出身于北朝杨氏，其父名叫杨坚，汉人，母亲名叫独孤伽罗，鲜卑人。杨氏家族原是寒门，初步兴起于西魏杨忠一代。杨忠是一员武将，因胆量过人，统兵得法，而倍受大丞相宇文泰器重。江陵之役时，杨忠出任大将军，随同于谨南征，负责屯兵长江

周武宾天

渡口,切断梁元帝萧绎的东逃路线。此后,杨忠受封隋国公,历任柱国大将军、大司空等显位。

在杨忠权势的笼罩下,其子杨坚十四岁出仕北周,弱冠之年便被拜为大将军。当时正值宇文护专权期间,杨忠、杨坚父子审时度势,倾力支持周武帝,从而得到皇权足够的信赖。公元568年,杨忠去世。杨坚承袭父亲隋国公的爵位,继续保持着他人难以企及的家族地位。

自从杨氏与宇文氏结为秦晋之好后,周武帝对杨坚更是大加提拔。北周伐齐期间,杨坚奉命征讨冀州,最终胜利完成任务,获得了朝廷无尽的功赏。待到周宣帝宇文赟继位,皇太子妃杨丽华依制被册立为皇后,杨氏家族的地位再度扶摇直上。

隋国公杨坚既有父辈的基业,又有大小战功随身,再加之国丈的尊荣,其人无法限量,其势滋蔓甚广。即便周宣帝宇文赟心窍不敏,似已感到了某种威胁。

一次朝会上,周宣帝向群臣表示,除了杨丽华之外,他想另立四位新皇后。此言一出,当即遭到满朝文武的反对。一位名叫辛彦之的儒臣启奏道:"皇后与天子匹体齐尊,理应一帝一后,不应该有五人。"公卿百官纷纷点头,赞同辛彦之的说法。

正当此时,太学博士何妥出班启奏道:"三皇五帝之中,帝喾娶四位妃子,大舜娶两位妃子,后宫的配属怎么会有定数呢?"

周宣帝大悦,决定采纳何妥意见,相继册封了朱满月、元乐尚、陈月仪、尉迟繁炽四人为新皇后。

何妥擅长儒学,他知道圣人的思想不只停留在典籍之内,唯有适时变通方可远离迂腐,人情练达才能透悟真义。周宣帝"五后并立"的根本目的在于分夺杨丽华的专宠,继而遏制迅速崛起的外戚杨坚势力,何妥分明看出了这一点。

可是,尽管周宣帝颇为难能可贵地意识到外戚问题的严重性,并试图采取积极的预防手段,但以他的资质却不可能改变历史演进的路径。

载棺直谏

面对周宣帝宇文赟的倒行逆施,南士们对他进行了轮番苦谏,甚至出现乐运"载棺直谏"的极端事件。周宣帝会迷途知返吗?

周宣帝宇文赟并非一味昏聩,广施德政亦是他的愿望所在。不过,若要通过克己复礼的帝王之道赢得交口称赞,对他来说实在难乎其难。不过,宇文赟想到了一个简便做法。他在继位后的一段时间里,多次颁发大赦诏书,打开全国的牢门,无条件释放罪犯。

周宣帝的"德政"来得出其不意,朝野上下一片惊呼。那些好不容易绳之以法的囚徒尚未受到应有的惩罚便被放归社会,势必存有侥幸心理再度犯罪。而一群作奸犯科之辈高喊"谢主隆恩",也会让善良的人们对皇帝感到憎恶。更为严重的是,周宣帝此举破坏了北周的司法制度,造成法律尊严的急遽丧失。

京兆尹乐运急忙上书制止道:"《周官》曰:'国君经临市场,赦免受刑之人。'即是说,市场乃利益交换的场所,君子本当远离,一旦踏足,则施以恩惠取悦他们。《尚书》曰:'不慎成罪,应当宽恕。'即是说,无心之失,罪行虽大,适宜缓刑。《吕刑》云:'刑罚有疑,可以赦宥。'即是说,刑事判决有疑问则用罚金,罚金有疑问则免于惩处。《论语》曰:'原谅小的过失。'臣严格地审阅先贤经典,从来没有不论罪名轻重普天大赦的说法。如今正处乱世,不去师法古人,做事便没有准则,定会妨害治道。管仲说:'赦免,好似放开奔马的缰绳。

不赦,犹如治疗他人的毒疮。'又说:'恩惠,是人民的仇敌;法律,是人民的父母。'东汉名将吴汉临终前,对光武帝刘秀说:'只愿陛下不要赦免我生前的罪过。'东汉学者王符亦言:'大赦,不能让时代变得清明。'陛下怎么能够多次施予异乎寻常的宽宥,让奸佞之徒更加肆无忌惮呢?"周宣帝览毕,不但不听,相反继续实施了几次大赦。

北人素来彪悍,失去法网框定后,野性更为难驯。穷凶极恶之徒本应与善良的人群分离开来,而周宣帝却让他们散归社会!恐慌不断蔓延,世风日下的速度快得超乎想象,民众怨愤之声不绝于耳。

终于有一天,周宣帝猛然醒悟到大赦的弊端。他一改往日的慷慨豪情,决定重新整肃社会治安。随后,周宣帝颁布了一部名为《刑经圣制》的新律令,要求全国百姓遵行。可是,这部《刑经圣制》的严苛程度,甚至超过了秦朝的峻法。

入北之初,南士裴政即帮助北周制定法律,任职少司宪以来又积累了丰富的决狱经验,他知道恶法必致国难,宽严失当则会贻害无穷。因此,这位一向积极配合北周政治变革的南士,彻底不能接受周宣帝的胡作非为,在刑事判决中拒绝执行新律。周宣帝得知后,竟以"忤旨"之罪将裴政革职为民。

萧吉出身梁朝宗室之家,是梁宣武王萧懿的孙子。入北后的很长一段时间,他始终困惑于一个超越现实经验的问题,就是到底什么样的力量让他由一位高贵的南朝王孙变成了低贱的北朝俘虏?萧吉放弃了自幼修习的经史门类,在诸子百家的学问中,选择了相对末流的阴阳五行之术作为自己的专攻。经过多年研究之后,萧吉将自己打造成了一位小有名气的阴阳家。或许他从术数学里获得了某种启示,亦或只是他内心的判断,萧吉看出当今圣上正在自毁长城。于是,他上书宇文赟,力谏他迷途知返,尽快理顺不得人心的法律政策,以便平息民众的不满。然而,周宣帝阅毕,仍是不听。

这一日,乐运整齐地穿上了朝服,告别了泣不成声的家人,命下属驱赶着一架马车直奔皇宫,车后载有一口棺材。周宣帝频繁拒绝纳谏的行为彻底将乐运激怒了,他已抱定了殓尸而归的决心,准备逆鳞直谏。回想起抑挫万年县豪强时周武帝的鼎力相助,思及二人促膝长谈的感遇,便是太子不及"中人",身为人臣怎可袖手旁观?倘若今日因直谏被杀,去往那世侍奉先帝,岂非快事一桩?

乐运迈步直入内宫,这是周武帝在世时赋予他的特权。面见周宣帝的一刻起,乐运开始痛陈当朝为政的八大谬误:

"其一,内外官员肩负着辅弼国君的职责,是用来一道治理天下的。然而,陛下近来无论事情大小,总是乾纲独断。尧舜尚需他人辅佐,陛下尚未达到圣主的地步,怎可凭一己之意裁决?请将那些刑罚爵赏以及军国大事,与百官共同商讨。

"其二,古之贤者特别告诫,不可贪图淫巧器物,更不能沉迷女色。陛下初登大宝,万事未谐,却开始搜罗民间美女,还下诏规定仪同以上官员的女儿未经批准不得擅自出嫁。官民同声怨恨,朝野愤愤不平。请陛下将那些不喜欢的姬妾放还本族,切不可再要禁止他人嫁女。

"其三,一位尽职的天子即便废寝忘食,仍然担心不能理顺政务而造成统治混乱。可是陛下最近一入后宫,数日不出,外界信息全凭宦官递送,不但有传达失实的可能,而且政事经由阉人之手,乃是亡国之兆。请陛下依照先帝的做法,外居朝堂听政。

"其四,改弦更张是为政的大忌,严刑峻法非治理的正途。若国家没有固定的法律,百姓便无所适从。政令不定,宽严无常,民众则手足无措。请陛下恢复先帝的《大律》条款,依照合理的法典行事。

"其五,先帝崇尚节俭,盼望后代依此而行。当时陛下亲手接过圣旨,自当知晓此事。可是,为何先帝过世未满周年,却要大兴土木?难道父王之志就是这样继承吗?请陛下定要朴实无华,即使不得已而建屋架梁,也不可雕文刻镂。

"其六,京城百姓的赋税徭役颇重,若非军国之需,不可劳民伤财。近来只因陛下喜欢观看乐舞百戏,便要征税役民,难道看不见

载棺直谏

百姓纷扰，财力枯竭，各行各业难以为生吗？请陛下停止此等无益之事。

"其七，近日陛下颁布诏书规定，大臣上奏的书表中出现文字错讹便要治罪。假如一位不善文字的忠贞之人欲要启禀时事，而他又担心泄密不能请人代写，如果面临文字错讹的惩罚，谁人还敢进言？请陛下终止此诏，则天下幸甚。

"其八，商朝武丁在位时，曾有杂草生于朝堂，虽被视为不祥，但未影响商之繁盛。如今杂草滋生大殿，陛下为破凶兆，减少宴饮弦歌，这样的做法是对的，但还不够。如果您能咨诹善道，修布德政，使兆民欢悦，那么厄运自然可除，江山得以永固。"

最后，乐运语重心长地说道："陛下若不就此八事做出改变，臣预见，我朝必将社稷不保！"

周宣帝听完，拍案而起，命令侍卫将此妖言惑众之徒押赴法场处斩！

当时，宫外挤满了闻讯赶来的官员，众人对乐运的胆识皆感叹服。其中有位名叫元岩的内史中大夫，向周围人说道："汉末臧洪兵败被杀时，人们因其忠君爱国，争相同死，何况今日这样一位好似比干的贤臣呢！如果乐运不免一死，我愿与他共赴黄泉。"说完奔向内阁，进劝皇帝。

元岩对周宣帝说道："乐运明知必死却来劝谏，无非想名垂千古罢了，杀之反中其计。陛下不如释放此人，那么后世传诵的将是您宽宏大量的美誉，而不是他乐运的忠贞之名。"周宣帝认为有理，遂将乐运开释了。

次日早晨，周宣帝一觉醒来，似对自己的蛮横无理颇感悔悟，派人请乐运入宫，说道："朕昨夜认真思考了爱卿所奏，您实为忠臣！先父圣明，卿尚且多有规谏。朕昏庸愚昧，还望您今后继续直言。"说完，邀请乐运共进御食。

杨坚矫诏

周宣帝病故后,南士柳裘协助隋国公杨坚矫诏篡夺丞相之位。但是,此举遭到了南士颜之仪的反对。颜之仪为什么要阻挠杨坚篡权呢?

宇文赟做皇太子期间曾患有心脏疼痛的疾病,服用了姚僧垣开出的几副良药后,病症遂得痊愈。宇文赟继位后仍然没忘此恩,宣召姚僧垣问道:"听说从前先帝称呼您为'姚公',有这回事吗?"

姚僧垣答道:"臣承蒙先帝抬爱,确如陛下所说。"

周宣帝道:"此是尊敬长者的说法,不是爵位的封号。朕自当为您建立封地、开创家业,作为您子孙永远的祖产。"乃封姚僧垣为长寿县公,并赐金带一条、锦服一套。

不久后,周宣帝再传圣旨,授予姚僧垣太医下大夫之职,让他退休在家仍可领受俸禄。一位无道昏君的温情透过善待"姚公"的无微不至,难得一见地展现了出来。

实际上,周宣帝对整个江陵北迁士人群体一向敬重。当他还是皇太子时,便与南士培养了深厚的感情。周武帝在世时整日忙于军国大事,无暇理会内宫家务,因此,宇文赟几乎不懂得父爱为何物。他能感受到的大部分关怀,则是来自东宫和露门馆里的南士。宇文赟的体内流淌着半个江陵血脉,南士对他就像呵护自己的孩子一样无微不至。这些北迁而来的士人出身书香门第,拥有盖世才华,却从来不会在宇文赟面前表现出任何的自高自大。除了日常的照顾和培养之外，南士们还共荐宇文赟为皇太子，替他争夺权力和地位。虽然宇文赟存在性格缺陷，但并非铁石心肠，他能够在南士身上体会到那种有别于君臣关系的异样情感。

自从颜之仪和柳裘两位侍读进入东宫后，宇文赟与他们朝夕相处。二人的殷切之情让宇文赟很是依赖，以致他继位后仍将颜之仪、柳裘选在身边，用作近臣。

颜之仪受封仪同大将军、平阳县公、御正中大夫，负责参与北周的国策制定和皇命传达。草拟的诏书不经颜之仪签字便不能正式颁布，甚至皇帝的玉玺和兵符也交由他代为保管。

柳裘受封仪同三司、昌乐县公、御饰大夫，全面负责皇帝服装及配饰的定制和使用。每遇大朝、祭祀或庆典，柳裘都会服侍在周宣帝身旁，按照相应的礼仪标准，为皇帝备好服饰之物。

南士们的努力虽然没能从根本上改变周宣帝的心智，但他们传授给宇文赟的知识体系是非常完整的。正因为如此，当周宣帝真正登临天子之位后，竟然有了几分望而却步。宇文赟通晓一位合格天子应该遵守的全部准则，也明白古往今来仁君思想的所有要旨。可是，北周的军政事务确实超过了他的能力范围。早出晚归的听朝是那样痛苦，日复一日的国事讨论是那样单调，宇文赟感到难以忍受的疲惫和痛苦。尤其让他倍感焦虑的是，南士们不允许他平庸。只要他的想法偏离了圣人的法度，南士就会轮番苦劝，甚至不惜以死相谏。每次面对这样的情形，宇文赟虽然装得颐指气使，但他的内心却早已慌作一团。

周宣帝知道自己误会了"帝王"一词的含义，原来拥有至高无上的权力竟也会让人惊恐万状！宇文赟很想将皇位退还给父亲，但先人已逝。

579年4月1日，周宣帝主政九个月后，下诏传位于六岁的儿子宇文阐（即周静帝），他自己则以太上皇的身份隐遁后宫，逃离了那个让他如坐针毡的天子宝座。考虑到周静帝宇文阐太过年幼，周宣帝便把国家事务分派给大臣,要求他们自主办理。

对于北周政权来说,这样的决定是致命的!如果说最初宇文赟的胡作非为会导致国政混乱,那么现今的一无所为则极易造成权柄丧失。一度生机勃勃的北周,转眼之间濒临了危机四伏的困境。

一年后的580年6月8日,周宣帝病了,身体虚弱,卧床不起,荒淫无度被认为是致病的主因。太医下大夫姚僧垣昼夜徘徊在太上皇身边,但无法阻止病情恶化。

宇文赟早就风闻,隋国公杨坚广结文武大臣,已露不臣之心。出于对外戚篡权的担忧,他要求杨坚入宫侍奉帝疾,想把国丈留在宫中,防其图谋不轨。然而,周宣帝没有想到,这种看似谨慎的安排却带来了一场近在咫尺的宫廷政变。

自从周宣帝病倒后,御饰大夫柳裘一直留在禁中候命。因为一旦宇文赟宴驾,他需要依照凶礼的标准和太上皇生前的喜好,筹备用于装殓和陪葬的物品。柳裘眼看着宇文赟病情日笃,知道北周的时日不多了。就在周宣帝荒于朝政的短短一年时间里,隋国公羽翼已丰,夺权属早晚之事。

在高墙环绕的内宫里,柳裘与隋国公相处了多日。大概是杨坚的个人魅力足够动人,柳裘对他产生了一种难以形容的好感。柳裘的心中渐渐地冒出了一个大胆的想法,他与内史上大夫郑译、御正下大夫刘昉等人展开密谋,打算在周宣帝过世后伪造遗诏,共推杨坚为丞相,让隋国公以辅佐幼帝之名,行北周天子之权。

柳裘等人找了一个机会,将隋国公偷偷领进秘阁。可是,当他们表明心迹之后,却遭到了杨坚一口回绝。

柳裘知道,隋国公非是不想夺权,只是对他们缺乏信任,俯身劝道:"机不可失,时不再来。以目前的形势,公当早定大计。上天赠予若不接纳,反要受其惩罚。如果继续拖延下去,恐怕您终将后悔。"

杨坚闻言,陷入了片刻的沉思。柳裘本是梁元帝萧绎的女婿,

宇文氏发动的一场战争让他失去了所有的荣华富贵，此人对北周怎会没有痛恨之意？而且，若能依靠几位内臣便可夺得权位，又何乐而不为？于是，杨坚同意了众人的谋划。

直到气息奄奄的时候，周宣帝仍然对生命存有幻想，毕竟他只有二十二岁，不愿就此步入黄泉。这日，宇文赟把隋国公叫到身旁，用手指向姚僧垣，说道："现今的性命，只能仰仗这位姚公了。"

姚僧垣知道周宣帝难逾此劫，安慰道："臣只恐平庸浅陋，辜负陛下期待，又怎敢不尽心尽力呢！"宇文赟点点头。

或是某种侥幸心理作怪，又或是对姚僧垣的医术过份信任，当宇文赟真正感到自己命不久矣时，距离他去世的日子已经非常短暂了。周宣帝紧急派出信使，追征赵王宇文招、陈王宇文纯、越王宇文盛、代王宇文达、滕王宇文逌五位皇叔进京，替幼主宇文阐辅政。可是，为时已晚。580年6月22日，周宣帝驾崩，此时五王仍在赶往长安的途中。

柳裘、郑译、刘昉等人伪造了一份遗诏，任命隋国公杨坚为丞相，综理北周朝政。随后，众人找到御正中大夫颜之仪，劝其尽快签署诏书并对外发布。颜之仪厉声拒绝道："主上驾崩，嗣子年幼，辅佐朝纲的责任，理应交给宇文氏里的英才。现今皇族之内赵王最长，无论亲缘，还是情理，应该当此重托。诸位备受朝恩，不思尽忠报国，为何要将社稷送与他人？我颜之仪顶多一死而已，万不能曲解圣意，欺骗世人。"众人见颜之仪不肯屈从，只好在诏书上伪造了他的签字。

诏书的效力不在于真假，而在于是否被人认可。矫诏宣读之后，文武百官纷纷表示愿听隋国公杨坚差遣。然而，颜之仪却仍在为力保北周社稷做着最后的努力，他与宫中的宦官合谋，打算先委托一位名叫宇文仲的大将军暂行辅政，待到五王进京后，再行交接。颜之仪等人将大将军宇文仲秘密引入朝中，来到皇帝宝座前，举行辅政仪式。不想，消息泄露，杨坚指挥士兵包围了现场，而后偕同柳裴、刘昉、郑译等人一起冲进大殿。

杨坚伸手向颜之仪索要玉玺和兵符,颜之仪正色道:"此乃天子之物,自有合适的人执掌,丞相要来做何用意?"杨坚大怒,命人抢过玺符,然后传令将颜之仪推到殿外处决。不过,刹那间,杨坚的内心警醒了,他知道颜之仪素有忠正之名,杀之只会大损自己的形象。杨坚立刻改变主意,释放了颜之仪。不久后,杨坚利用丞相的职权下发了一份调令,将御正中大夫颜之仪贬为西疆郡守,发往偏远之地任职。

七十八年前,梁武帝萧衍诛杀南齐末帝萧宝融,篡夺皇位,建立梁朝。当时,有位名叫颜见远的南齐旧臣,不忍国之变故,恸哭数日,绝食殉主而死。梁武帝闻之,愤然道:"我夺取帝位顺天应人,与天下士大夫有什么相干?他颜见远有必要伤心到这种程度吗?"可是,世人却对颜见远大加褒赞,认为孔子得意门生颜回的后人果然名不虚传。颜见远死后,留有一子,名叫颜协。颜协感念父亲守义而终,也拒绝在梁武帝的朝中任职,终日悠游四方,不以官爵为念。后经湘东王萧绎多次邀请,才勉强在江陵出任了一个正记室的官职。539年,颜协病逝,遗有二子,长子颜之仪,次子颜之推。

中华版图分崩离析太久了,人们早就忘记了恪守君臣伦理,这给兵戈扰攘的乱世,又徒增了多少变局!颜氏一族将生死和富贵置之度外,通过自身的忠贞行为不断向世人证明,那些窃国者虽可为诸侯,但其心亦可诛。

隋文践祚

隋国公杨坚称相后，北周多地爆发了反杨叛乱。面对这样的复杂局面，南士群体会做出怎样的选择？隋国公能够如愿称帝吗？

赵王宇文招、陈王宇文纯、越王宇文盛、代王宇文达、滕王宇文逌五王进京后，对杨坚矫诏夺权极为不满。可是，五王久居封国，在京党羽甚少。而且，周武帝铲除宇文护之后，有意识地削弱五王的力量，以致他们联合起来也不足以对抗隋国公。五王在长安策划了一次诛杀杨坚的行动，但是没有成功。杨坚自然不肯坐以待毙，先是把五王囚困京师，而后诬以谋反之罪全部杀害了。可叹辉煌一时的北周政权，只剩下一位幼小的周静帝宇文阐，每天坐在御座上好奇地看着一干文武大臣旁若无人地出入朝堂。

一日晚间，丞相杨坚邀请太史中大夫庾季才入府做客。闲谈间，杨坚恭敬地问道："我才疏学浅，承遗诏而领相国之位，从天时和人事两方面观察，先生认为怎么样呢？"

十几年前，大冢宰宇文护请教同样的问题时，庾季才劝他尽快返政归权。然而，此刻的庾季才仰望着满天星斗，一反常态地说道："天道精深微妙，难于揣测。若凭人事判断，您已现帝王之兆。纵使在下说不可为，难道丞相会置身世外，隐退山水之间吗？"

杨坚心中暗喜，表面默然，思虑半晌后，说道："现今我犹如骑乘猛兽，实在下不来呀。"言毕，命人取出杂彩锦帛五十四、绢丝两百段,赠予庾季才。而后,杨坚含糊其词地说道:"愧对先生好意,我会再度思考您的良言。"

庾季才的家中经常举办江陵旧友的聚会,他的意见在很大程度上代表了南士群体的想法。虽然南士里不乏颜之仪抵制杨坚篡政,但那只是他的个人行为。北方的大好河山原本就不属于鲜卑族,宇文氏的皇位也是强取豪夺而来。如果说北周值得怜悯,那么西魏挥军南下时,谁又同情过梁元帝的国家?周武帝以其仁德奋进,确实赢得了南士的认可,但周宣帝的倒行逆施又迫使他们背叛北周隋国公杨坚拥有纯正的汉族血统,即使站在民族大义的角度,南士们也盼望他能够及早结束两百多年胡汉分治的局面,重新夺回中原的统治权。

透过庾季才的表态,隋国公看出了南士的群体倾向。既然彼此同心同德,这批博学高才之人无疑可堪大用。在保留南士们原有官职和爵位的基础上,杨坚依据现实需要和南士的才能,对他们进行了一些合理地起用和调动。

杨坚将那位因忤旨之罪而被周宣帝贬为庶民的裴政召入朝中,恢复了他少司宪的官职。御饰下士柳裘因参与矫诏有功,进位上开府,拜内史大夫,委以机密之事。同时,为了表明自己不会因为颜之仪的反对而轻视南士群体,杨坚特意授予颜之仪的弟弟颜之推御史上士之职,令其在朝堂上掌管文书事务。

当北方政局处在大变动的时期,南士群体又一次做出了正确选择!

不过,杨坚的权利之路一点也不平坦。虽然他从根本上剿杀了北周的皇族势力,但周宣帝"五后并立"的举措着实给他留下了大麻烦。

相州总管尉迟迥是周宣帝五后之一尉迟繁炽的爷爷,他是鲜卑人,不能接受北周的权力落入汉人手中。而且,同为外戚家族,尉迟迥认为自己至少应该得到不亚于杨氏的权力。因此,他对隋国公称

相一事大为愤慨。

580年7月,尉迟迥突然起兵,打着匡扶北周社稷的名义,向杨坚发出征讨。一时间,北朝烽烟骤起,战事频传。尉迟迥知道,单靠自己的相州之兵难有胜算,因此他派出信使,联络各地的反杨势力。

并州总管名叫李穆,因早年在战场上救过宇文泰的性命而受到朝廷器重,北周最为精锐的一支部队便交由他统领。不过,当李穆接到尉迟迥劝反的密信时,他的内心煞是矛盾。宇文氏待他一向不薄,理应维护北周社稷。可是,为了一个七岁的小皇帝付出身家性命,他又没有这样的打算。

隋国公杨坚及时察知了并州总管的摇摆情绪,但他不敢对李穆采取夺职、罢权等强硬手段,因为那样会将李穆推向敌对的一方。经过慎重考虑,杨坚决定派内史大夫柳裘前往并州,对李穆进行劝服。

并州总管李穆小心翼翼地接待了到访的柳裘,继而宾主之间开启了一次推心置腹的交谈。二人谈话的具体内容今天已经无从知晓,但柳裘为了说服李穆,当是从以下几个方面入手:其一,李穆自称是汉朝名将李陵的后人。汉武帝时期,李陵因抗击匈奴,被视为华夏民族的大英雄。故而,李穆若执意维护鲜卑异族政权,则与先祖之志相违。其二,当时追随尉迟迥反叛的地方大员并不多,即便对北周心怀感激的李穆尚且迟疑不定,他人又怎会轻举妄动?所以,李穆没必要逆势而为。其三,假使李穆会同尉迟迥反叛成功,只是在朝中更换了一位权臣,他不会因此得到更多的利益。

最终,经过与柳裘一番交谈后,李穆幡然醒悟道:"周德衰落,世人共知。天时至此,我怎能违天而行?"即刻命人打造一条十三环的金带进献给杨坚,意思是愿奉隋国公为帝。

并州总管李穆的归心减缓了杨坚可能面对的军事压力,对于稳定局势起到了重大作用。

可是,此事刚平,彼事又起。正当柳裘回京复命时,前线传来郧州总管司马消难反叛的消息。

司马消难也是一位外戚,他的女儿司马令姬嫁给六岁的周静帝做了皇后,当然这也是周宣帝生前制衡杨坚的措施之一。作为当朝新晋国丈,司马消难也不肯在权力面前做出让步。经由尉迟迥的鼓动,他在安陆起兵。

鉴于劝服李穆的成功先例,杨坚决定再派柳裘游说司马消难罢兵。可是,当柳裘行至中途时,局势突变。尉迟迥兵败被杀,司马消难因孤掌难鸣逃往陈朝而去,柳裘的任务便戛然而止了。杨坚乃改派柳裘抚恤淮南,代表朝廷向战乱区的百姓表达慰问,并施以物资救助。

就在柳裘往来奔波的同时,另一位南士鲍宏也踏上了出使的道路。他的目的地是秦岭以南的两广地区,任务是奉劝西南少数民族切勿再要扰边。

南北朝时期,内地战乱不断,岭南洞僚借机发展壮大,逐步形成了几支颇具影响力的部落。这些部落多数情况下归附内地政权,但每逢中原版荡,他们常常趁火打劫。值此北周纷争之际,洞僚多次偷袭州郡,劫掠财物。于是,杨坚委派鲍宏前去宣谕意旨,奉劝洞僚最好适可而止,否则天威一怒,便是焦土一片。

这一日,鲍宏途经潼州,忽然被人擒获,随后装入囚车,押往成都。原来益州总管王谦新近造反,指使叛军扼守南北交通要道,严密盘查过往人员。当叛军在鲍宏身上搜出一纸皇命时,他们知道此人的身份非同一般,遂将他送交主帅发落。

益州总管王谦对鲍宏进行了多次劝降,但鲍宏誓死不肯变节,终被关入牢中监押。不久后,官兵大至,剿平了王谦叛乱,鲍宏方才得救。杨坚传令沿途驿站,必须动用最快的车马将鲍宏驰运回京,而后对鲍宏忠贞不渝的品行,重重地奖赏了一番。

随着尉迟迥、司马消难、王谦相继兵败,隋国公杨坚在不到半年的时间里清除了所有敌手,牢牢控制了政局。至此,一个新的王朝

隋文践祚

呼之欲出了。

581年正月，太史中大夫庾季才向杨坚上书道："本月戊戌日清晨，有一团青气飞向皇宫，盘桓于国都之上，瞬间变为紫色，逆风西去。《气经》曰：'上天不可能无云而降雨，皇王不可能无气而拥立。'如今王气已现，须要尽快应验。二月，太阳会从东方卯位升起，在西方酉位落下，恰是天体居于正位的月份。太阳是人君之象，适宜临位。二月十三日为甲子日，甲是天干之始，子是地支之初，甲、子皆对应九数，九乃上天之数也。而且，该日为惊蛰，阳气更加壮发。西周武王二月甲子日定鼎天下，享国运八百载，故知甲子得天独厚。今年二月甲子日，当受天命。"杨坚欣然采纳。

581年二月初，杨坚以周静帝的名义下发诏书，宣布北周天子愿效尧舜故事，将皇位禅让给自己。但是，仅凭一份诏书，杨坚不能让自己由一朝宰辅变为一代帝王，他必须通过一套繁琐的禅让仪式，从形式上确保皇权交接的合理性。于是，杨坚动员朝中大臣，就禅让仪式的具体操作过程，举行专门讨论。

朝臣们翻阅了各代文书，给出了整体筹备方案，只是在一个细节问题上，众人出现了分歧。历来禅让和登基仪式都有一个"柴燎告天"环节，修筑一座高高的土台，在台上燃起柴草，借助飘升的青烟，向天帝神明禀奏人间发生了君主更替。有些官员建议将告天的土台修筑在杨坚的相府内，表示隋国公从丞相之位一步登天。但是，该提议遭到太学博士何妥的反对，他认为自两晋南朝以来，柴燎告天的仪式皆在都城南郊举行，从未听说在居所筑坛的先例。甚至何妥还极为忧心地表示，如果违背古礼，将会给后世留下笑柄。最终，杨坚听取何妥建议，将柴燎告天的地点定在长安南郊。

北周大定元年二月甲子日（581年3月4日），杨坚在司仪引导下走进皇宫，来到临光殿前站定。礼官当众宣读周静帝宇文阐的禅让诏书，杨坚推让再三。经由百官劝进，杨坚似乎很不情愿地接过诏册和玉玺。在场众人倒身跪拜，高呼"万岁"三声。而后，内史官宣读新帝诏书,弃用"周"之国号,定名为"隋",杨坚是为隋文帝。

在典礼行将结束时,杨坚命使臣手持禅让诏册赶赴长安南郊,点燃台上柴草,敬天礼祭,整个皇权交接仪式宣告结束。

同日,隋文帝杨坚亲临宗庙祭祀祖先,传旨大赦天下,更改纪元为"开皇"。

两天后,隋文帝册封夫人独孤伽罗为皇后,立长子杨勇为皇太子。

再过数日,杨坚封次子杨广为晋王、三子杨俊为秦王、四子杨秀为越王(后改封蜀王)、五子杨谅为汉王。

至此,历经二百七十年异族统治的北方大地,终于回到了汉人手中。虽然华夏版图仍然处于隔江分裂的状态,但隋朝的建立在中国历史上敲定了一个标志性的时间坐标。

协建开皇

隋朝立国后,急需法制、礼制等方面的专门人才,精通汉族文化的南士成了隋朝制度建设的重要力量。他们为隋朝做出了哪些杰出的贡献呢?

581年的一个夜晚,隋文帝杨坚与尚书左仆射高颎、民部尚书苏威两位心腹重臣举行秘密会谈,针对长安城破败狭小以及宫中常现妖异的问题,商讨对策。苏威建议迁都,但是杨坚觉得自己初登帝位,不便劳师动众。三人一直讨论到深夜,最后不定而散。

次日早朝,太史中大夫庾季才出班启奏:"臣仰观天象,俯察谶籍,参合龟兆,必将有迁都之事。尧帝定都平阳,舜帝定都冀州,可知帝王居所,各代或有不同。况且此长安城乃汉代所建,至今将近八百载,井水咸涩,不宜饮用。万望陛下协调天意人心,谋划移都他处。"

隋文帝闻言大惊道:"太神了!自今以后,朕相信确有天道了!"于是,决定放弃旧都,兴建新城。

582年7月,在汉代长安城东南数公里的龙首原南麓,一座名叫"大兴"的城池开工建设。九个月后,即告竣工,隋文帝及文武百官迁入了这座新都。自此以后,大兴城成了隋朝的首善之地,红尘驿马奔驰往来,国策诏书由此分发四方。

为了表彰庾季才及时转达天意,隋文帝奖赏他绢丝三百段,骏马两匹,爵位由临颍县伯提升为临颍县公。

庾季才精准的预言激发了杨坚对未知的好奇，隋文帝相信，天地之间一定隐藏着某些需要提前了解和必须遵从的吉凶奥秘，不然为什么众多雄才伟略的帝王东征西讨才能取得的江山，却会轻而易举地落入自己囊中？

一天，杨坚以私人身份召见了庾季才和庾季才的儿子庾质，嘱托他父子二人共同撰写一部天文书籍《垂象志》和一部地理书籍《地形志》。隋文帝对庾氏父子说道："天地神秘奥妙，推演途径众多，各执己见很容易产生差错，所以朕不想外人干预此事，特劳您父子一起编修。"杨坚的这一安排非常通情达理，在中国古代，士人的学术和技艺具有很强的稀缺性，往往像金钱和爵位一样，需要在嫡长子继承制的基础上保证传承有序。隋文帝不让外人干预书籍的编修工作，既是对庾氏父子的信赖，又是对一脉相传的庾氏家学的尊重。庾季才和庾质欣然领命。

天地之道的探索固然重要，但听天由命显然是不可取的。作为一个新兴的汉族政权，隋朝的当务之急就是要按部就班地推进国家治理。杨坚对政权的建设方式进行了大胆的构想，他要将北周遗留下来的所有典章制度，都纳入到汉人的文化体系里重新注解。那些被鲜卑族错会和误用的统治策略，必须得到全面的清理和矫正。而要实现这一切，江陵北迁南士无疑是最值得依靠的群体。

大隋立国后，少司宪裴政被转授率更令之职，而后他接到了一个无比重大的任务——为隋朝编修一部开国大法。

周宣帝的《刑经圣制》因为久失民心，早已无法继续施行，加之前朝律例不能惩治本朝臣民，隋文帝急需铺设新的法网。这是一个严格考验隋朝执政能力的事项，杨坚委派尚书左仆射高颎、民部尚书苏威、大柱国杨素等几位重臣一起主持编修工作，而包括裴政在内的十余人则是作为律法方面的专门人才参与其中。

在一众修法的大臣里，裴政的官职和品阶都不算高，但他的法制思想和刑制经验是无人可及的，因此，他成了本次修法公认的核

协建开皇

心人物。裴政知道，法律关乎千家万户的利益，任何不当之处都可能影响判决的公平公正。为了避免新法中出现差错和漏洞，裴政主张使用南朝的法典搭建整体框架，并以既往司法实践中的利弊和现实中的人情事理作为衡量宽严轻重的依据。每一则条款无论取舍，皆需提供法理支撑。裴政的上述观点，得到了修法团队普遍认可，凡遇困惑之处，全部交由裴政给出最后的解释和决断。

这部法典名叫《开皇律》，共计十二篇，五百款，耗时十个月完成。首次采用死、流、徒、杖、笞五刑刑制，弃用枭首、车裂、鞭打等传统酷刑。除非谋反以上的罪行，不可适用灭族的极刑。同时规定，不得刑讯逼供，不能违规使用刑具，且要保证当事人上诉及申诉的权利。

《开皇律》条款明晰、轻重得宜、处罚公允、易于遵从，在中国法制史上具有划时代意义，被后世奉为立法的典范之作。《开皇律》颁布后，百姓心悦诚服，隋朝的法律体系被顺利地构筑了起来。

除了法制之外，裴政对礼制也极为精通。所以，当他完成修法的任务后，又被调任为太常少卿，投身到大隋帝国的礼制建设中。

权力是无形的，皇帝不可能每时每刻发号施令，彰显自己的权威，礼制则能够将日常生活中的衣食住行、车马服冠等事项划分出不可逾越的等级界限，从而把身份的高低外化为明朗可见的尊卑次序。因此，在古代政权里，繁文缛礼绝不是无关紧要的故弄玄虚，而是确保统治阶级神圣不可侵犯的秘诀。

根据五德终始学说，隋朝为火德，故此朝服使用赤色。不过，杨坚称帝之初存在一个倍受争议的礼制问题，那就是帝王的冠冕应该使用哪种颜色？有的大臣建议同样使用赤色，但无法给出依据。隋文帝不敢掉以轻心，因为没有什么比冠冕更能直接表达皇权的崇高意义了，所以他要求朝臣必须提交一个合理的答案。

太常少卿裴政上书道："微臣见北周的皇冕，前后垂珠多于十二条，与古礼已然有悖。而且北周皇冕的颜色与五德对应，亦不合典制。自鲜卑人立国以来,所造舆车服饰多掺杂胡人习俗,怪诞之处甚多,陛下应该将之全部革除。臣详考夏商周三代的冠冕,虽然名称有别,但都没有根据气运改变颜色的记载。秦代规定,朝服颜色需跟随季节改变,也未曾提及冠冕的颜色。根据汉晋南朝以来的成制,皇冕及官帽一律都用黑色,只有束发的头巾才要与服装同色。愿陛下依从此制。"杨坚批示道:"准奏。"由此,历代汉族君王的同款冠冕也加在了隋文帝头上。

当初,相州总管尉迟迥举兵讨伐杨坚时,他的家族里有位名叫尉迟崇的族人知其必败,乃投奔京城向杨坚请罪,恳求叛乱平定之日,不要诛连他的全族。杨坚宽恕了尉迟崇,并在隋朝定国后授其将军之职。一次,尉迟崇率军抵御突厥,不幸身陷敌阵,力战而死。隋文帝感怀他深明大义,遂将其幼子尉迟义臣接进宫中抚养。后来,杨坚打算给尉迟义臣赐姓"金"氏,以资褒勉。可是当隋文帝就此事向朝臣发出征询时,遭到了南士鲍宏的否定。鲍宏进奏道:"昔日项伯不与项羽同流,汉高祖刘邦赐他姓'刘'。汉末秦伯南替曹操募兵被杀,魏武帝扶养其子秦真,赐姓'曹'氏。依臣愚见,请赐皇族姓氏。"隋文帝认为有理,改赐尉迟义臣姓"杨"。

鲍宏曾在周武帝时期奉命撰写了一部《皇室谱》,该书分为《帝绪》《疏属》《赐姓》三个篇目。可以说,鲍宏对历代赐姓的研究,无人能出其右。此时正值隋朝积极取法汉制的关键时刻,鲍宏通过例举汉高祖和魏武帝的两则故事,将现实问题拉回到数百年前的历史情境中求解,所以他给出的答案具有无可辩驳的说服力。而隋文帝之所以愿意接受这种看似懒惰的直接取法行为,是因为隋朝必须凭此确保每一步操作的正统性,从而实现统治形式上的认祖归宗。

江陵北迁南士多为各有专长的文士,但他们对隋朝的贡献不只停留在文治方面。开皇年间,时任太府丞的南士何稠便承担了一次军事行动。

有一年,桂州(今广西桂林)俚人发动叛乱,与之杂居的僚人也

协建开皇

蜂起响应,致使隋朝西南边陲陷入一片混乱。面对俚人和僚人双双为乱,隋文帝将征讨僚人的任务交给了何稠。

何稠率军驻屯于衡山,并不急于武力剿杀,而是派出一位使者深入僚人大营,向其首领莫崇诉说利害关系。莫崇有感于何稠的仁义又明知不敌官军,乃自缚而至。何稠上前解开莫崇的绑绳,说道:"州县官员不能安定人心,致使边民滋事,错不在你。"命人摆下酒宴,对莫崇盛情款待一番后,将他礼送回营。当夜五更,何稠趁莫崇疏于防范之机,领兵直掩僚人大营,尽数收编了僚军。

何稠知道僚人所据之地山高洞多,很难采取常规的攻剿策略,即便抓捕其首领,亦不能尽除僚患,所以他设下了这个欲擒故纵之计。

何稠此举威震西南,俚僚头目各怀恐惧,争相率兵来降,自愿接受收编。何稠依照隋文帝的旨意,分别授予他们州县官职,要求他们协助朝廷管好边民。众头目皆悦服而归。

钦州刺史名叫宁猛力,暗中结交俚僚部落,欲称霸西南。眼见隋军逐步控制事态,他大感惶惧,自投何稠大营,请求入朝听候皇帝发落。何稠见宁猛力当时已身患重疾,顿生恻隐之心,与之相约:"本年八九月间,你我京城相见。"而后,放宁猛力回州养病。

未几,南方叛乱彻底平定,何稠回京交兵复旨。可是,因为他私放钦州刺史一事,受到隋文帝的呵责。八九月间,钦州刺史并未入朝。十月间,传来了宁猛力病故的消息。隋文帝嗔怪何稠道:"当时你不把他带来,现在都死了!"

何稠答道:"宁猛力与臣约定,假若身死,定会派他的儿子进京。百越之人,心性直爽,相信他的儿子必然前来。"

没过多久,宁猛力之子果然代父入京请罪。隋文帝见状,感叹道:"不想何稠在僚人中的威信,竟然到了这种程度!"

国子激辩

隋初,鲜卑人元善获得了国子祭酒一职,负责执掌中央官学,推行儒教。这一事件引起江陵南士普遍不满,他们将会采取哪些手段与元善抗衡呢?

经历了毁佛灭道的北朝,儒教异军突起,迅速成为北方社会的主体思潮。隋文帝登基后,曾多次尝试恢复佛教和道教的活动,但是他毫无意愿改变儒教的正统地位。因为儒家治国不只是汉族政权的习惯做法,更是帝业稳定的思想保障。

为了继续弘扬孔孟之道,隋朝仿照历代官学,设立了专门负责教育的机构国子寺,用于培养儒学生员。国子寺讲授的科目分为国子学、太学、四门学、书算学四种,由一名国子祭酒统管教务和教学,同时,在每一个科目里,安排五位博士和五位助教执掌教席,生员则来自官宦子弟和地方荐举的聪慧学子,总数维持在三百六十人左右。

根据国子寺的活动章程,每逢二月、五月、八月、十一月第一个天干为"丁"的日子,国子寺都要举行祭孔大典,以期追思圣哲风范,敬仰先贤德教。自北周三教论衡以来,儒学的宗教性得到了很大提升。既然佛教的释迦摩尼和道教的老子能够歆享世人的膜拜,那么同为引导民众、感化苍生的儒教创始人孔子理当领受供奉。国子寺的祭孔仪式非常盛大,有时候隋文帝杨坚也会莅临现场,怀着倾慕之意,向着孔子的牌位行礼祝告。

江陵北迁南士

在国子寺的大力推动下，隋朝的儒学进一步迅猛传播。无论京师学馆，抑或郡县塾斋，满是手持四书五经的儒家信徒，在兴致勃勃地讨论经典中那些发人深省的篇章。更有年轻学子负笈他乡、投拜名师，求索着修身、齐家、治世的法门。

江陵北迁南士在周武帝时期就已致力于北朝儒学的推广，隋朝儒学的繁荣局面让他们很是欣慰。然而，有一件事却使得南士如鲠在喉，那就是隋朝的国子祭酒一职被杨坚授予了一位名叫元善的鲜卑人。元善本姓拓跋，遵照北魏时期的汉化政策，改用"元"姓。此人自幼专研《五经》，对儒学领悟颇多。一次，隋文帝听完他讲授的《孝经》后，赞叹道："听先生妙语，朕心为之改变！"可是，对于皇帝将本朝国教交由一位鲜卑人执掌，南士们心中不快。儒学能够在隋朝占据如此重要的地位，完全是南士付出的结果，元善怎能贪天之功？

南士何妥在梁都建康的国子监里承袭了纯正的汉代儒宗，入北后又以太学博士的身份协助周武帝取法孔孟，就儒学的通达程度而言，算得上隋朝首屈一指的人物，但是他只被聘任为国子博士。何妥对国子祭酒元善怏怏不服，时常厥辞挑衅。元善自知学不如人，尽力躲避冲突。

一天，元善在国子寺外张贴告示，宣布从即日起他要公开讲授《春秋》。学人闻讯而至，坐满了会场。登台之前，元善将何妥叫到一旁，恳求道："你我的职位和名望已经确定，请您千万不要再为难我。"尽管这是明显带有告饶语气的说法，何妥仍然不能容忍。待到元善开讲后，何妥堂而皇之地拿出《春秋》一书，选取其中历来最具争议的章节，向元善频频问难。元善当然无法作答，顿时支吾其词。由此，二人结下了文人的仇怨。

不过，何妥对元善的狂妄无礼并非出于个人恩怨，更多体现为一种民族情节。当初胡马南下之时，汉人无力抵抗；现今儒学北伐之际，异族该当俯首！元善这个方外之人怎能代庖中华国学呢？

一日，隋文帝突然驾临国子寺，参加祭孔大典。当时，仪式已经过半,似乎开始了儒理讨论环节。隋文帝看到讲台上,国子祭酒元善正与一位年轻的儒生辩论《孝经》,于是他坐在一旁饶有兴致地观看。《孝经》本是元善所长,但杨坚却意外地发现台上的气氛不对,那二人辩论的过程中,元善分明无法控制局面。年轻的儒生简直是伶牙俐齿,言语激荡间,把个国子祭酒驳得张口结舌。即便元善想要引经据典,对方也能寻到他的破绽,予以巧妙地攻击,元善竟致汗流浃背,顾左右而言他。隋文帝很快认出,那位与元善针锋相对的儒生乃是北周时期的露门学士、现任著作佐郎的王颇,一位梦想成为游侠,终究弃武从文的南士。王颇的儒学根基算不得扎实,但他保有一套理解儒家经典的独特思维,高超的论辩技巧也被用来弥补他非科班出身的缺陷。所以,在王颇种种标新立异的观点面前,那位一心只读圣贤书的元善失去了招架之功。

这场酣畅淋漓的辩论让隋文帝叹为观止,破格将王颇任命为国子博士。

南士萧该是梁朝鄱阳王萧恢的孙子,北迁之时,年龄尚幼。在寄居长安的岁月里,他刻苦攻读经学、史学和文学。待到成年,萧该声蜚遐迩,却一直没有跻身仕途。入隋后,杨坚久闻其名,乃将他聘入国子寺,亦授国子博士之职。

对于隋朝的中央官学交由元善统领一事,萧该也是愤然不平,但他并未采取直接的言语冲突表达心中的不满,而是力图寻找一个从根本上解决问题的办法。

萧该认识到,元善之所以获得朝廷认可,并不是此人的学识多么广博,只在于他拥有一个先天优势。元善生长在北方,口音清朗,授课和演讲符合北人的听觉需要。可是,一位鲜卑人凭借乡音优势便可儒名远播,南士们坚决不能忍受。

这日晚间,萧该、颜之推、刘臻三位江陵北迁南士邀约卢思道、李若、辛德源、薛道衡、魏彦渊、陆法言六位隋朝名士聚集一堂把酒言欢。待到酒兴阑珊之后,他们停下杯箸,展开了一次别开生面的

国子激辩

有关音韵学的大讨论。

这九位学士的属性繁杂，有人生于江南，有人长于北周，有人来自北齐，因此，他们熟悉各地的语言。九位学士首先总结了华夏方言的差异，认为吴地、楚地发音过于轻浅，燕地、赵地又过于重浊，秦陇之地去声发成入声，梁益之地平声好似去声。随后，他们在此共识的基础上，进一步探讨解决方案，决定充分利用汉语的拼读特点，采取切音规则，将不同地方的乡音土语全部纳入一套标准化的发声系统，从而实现南北古今无障碍交流的目标。

这场讨论持续了一整夜。国子博士萧该就多个疑难问题，给出了可行性办法。那位生于江南、逃居北齐，又西迁长安的颜之推，因为熟知各地语音，承担了最终的决断任务。

聚会结束后，萧该回到家中，提起笔墨，先后撰写了《汉书音义》和《文选音义》两部著作。通过对史籍和文集的音义注解，将那次秉烛夜谈的理论成果，运用到实际文本阅读中，给时人交付了一份音韵学的应用范例。

萧该的两部书在隋朝引起了广泛关注，有识之士争相借览，为南朝文化在北朝传播奠定了基础。

东宫属官

> 自从杨勇被封为皇太子之后,几位南士进入东宫,担负起辅佐皇储的任务。这些南士将在东宫起到什么样的作用?

公元前221年,秦始皇嬴政在东巡途中病故。临终前,他草拟了一份遗诏,有意让长子扶苏继位。不料,随行的第十八子胡亥伙同丞相李斯、中车府令赵高,伪造遗命,赐死扶苏,窃取了秦朝皇位。胡亥为了保住天子宝座,进一步杀死了所有的兄弟。可是,他终因暴虐无道,致使国家走向了灭亡。

汉朝的统治者曾对秦朝二世而亡的短祚命运进行了多角度反思,胡亥矫诏的细节不可避免地引起了他们的警惕。西汉时期,为了杜绝类似事件再次发生,出现了皇太子册立制度,通过提前确定储君人选,防范身后的继位变故。在该制度的保障下,皇太子通常享有一定的军政权力。同时,为了避免他人对储君不利,皇太子往往还会提前组建自己的统治集团。

在受禅之日下发的诏书中,隋文帝确立了长子杨勇的东宫皇太子地位。紧接着,一大批精明强干的官员被选拔出来,安置在太子身边,担负着辅佐和培养杨勇的责任,他们被称为"东宫属官"。

无论依照才学标准,还是修养程度,江陵北迁南士出现在东宫属官的名单里,都可算作顺理成章的事情。

南士明克让被选为太子内舍人,负责掌管东宫的号令发布、书信撰写和上表启奏等事项。"舍人"一职,脱胎于春秋战国时期的门客制度,所以,太子内舍人仍旧保留了一定程度的门客性质。明克让与皇太子相处时,彼此不单是上下级的关系,还具有较为亲密的私人情感。杨勇平日里对待明克让如同师长一般,每逢四方进贡珍馐肴馔,他总是邀请明克让一同品尝。而明克让除了办理好职权范围内的事务外,也努力保持好与杨勇之间的这种亦师亦友的亲密关系。明克让知道,作为东宫内臣的太子内舍人,他肩负着一个隐含的责任,就是必须通过自己高雅的言行,让皇太子在潜移默化中变得知书达礼,以免将来临朝之时失了体统。因此,明克让对杨勇总是循循善诱,力图培养出一位贤德的君主。

颜之推被任命为东宫学士。这是隋文帝为了提高皇太子的诗词歌赋能力所做的安排。此时,庾信、王褒等文学巨擘皆已过世,颜之推成了隋朝文学领域当仁不让的翘楚。他以一篇哀悼人生、感慨命运的《观我生赋》震惊了整个文坛,该作品被誉为是继庾信《哀江南赋》之后的又一绝唱。颜之推拥有梁朝、北齐、北周和大隋四朝为官的经历,在治学、修身方面亦有过人的见解。在这个门阀制度走向衰微的大时代里,他一直想为振兴家族做最后的尝试。颜之推综合自己的人生经验,撰写了一部《颜氏家训》,希望借此规整家风、提振子孙,使颜氏后人免于无望和堕落。《颜氏家训》一书情真意切、言近旨远、要言不烦,最终它超越了一家一姓的界线,成为中国古代教育学的必读书。

姚最被任命为太子门大夫,负责执掌东宫门禁及公文收发。他曾遵照周武帝敕令跟随父亲姚僧垣学医十年有余,此时已经小有所成,每施方剂,多有效验。可是,姚最并没有悬壶济世的打算,因为他是姚僧垣的庶子,按照家学传习规则,自认不该继承父亲的技艺和职业,他只好谋求仕途方面的发展。任职太子门大夫期间,姚最忠于职守,克己奉公,将东宫保卫工作管理地森严有序。

太常少卿裴政在帮助朝廷完成一系列法制和礼制建设后,被加授太子庶子之职,负责协调东宫的日常运作。裴政品性方直,行事果决,杨勇对他信赖有加,凡有大事,皆委派裴政办理。

从某种意义上说,东宫相当于提前组建的小朝廷。不过,除非另有他职,否则东宫属官不能直接参与朝政。但是,这并不表示他们就是可以被轻视的群体,因为将来储君登临大宝之日,这些与皇太子朝夕相处的属员,通常被直接任命为朝廷大员。即以南士颜之仪和柳裘为例,亦可看出东宫属官的潜在价值。由于二人做过多年皇太子宇文赟的侍读,后来尽得重用,成为北周举足轻重的朝臣,甚至在杨坚篡政时,深刻地影响着时局。

不过,让人颇感意外的是,隋朝立国后,杨坚的反对者颜之仪和支持者柳裘却得到了截然相反的境遇。

隋文帝将西疆郡守颜之仪召回京城,准备授予他高级官职。可是,颜之仪心结仍在,不想继续混迹官场,杨坚只好作罢,但仍将颜之仪的爵位从平阳县公提升为新野郡公。

一次,颜之仪依制入朝面圣,刚刚走到大殿门口,隋文帝一眼便认出他,命人将他引至御座旁,赞叹道:"当初爱卿临危受命,坚持气节而不堕操守,古来圣贤尚难做到!那么我该怎样嘉奖你呢?"隋文帝稍加思索,即刻传旨赏赐颜之仪金钱十万贯,米百石。

柳裘却没有这等风光。尽管他有参与矫诏的功劳,又有劝服李穆的成就,还有安抚淮南的辛苦,隋文帝却收回了他内史大夫的官职,将他外放为许州刺史。柳裘在许州任上,与民秋毫无犯,清简之名远播。可是,秩满后,他又被转授曹州刺史,仍处外任。

隋文帝的做法煞是反常,就连皇太子杨勇也感到大感不解。一天,杨勇向父亲提议,应该善待那些为隋朝社稷做出过贡献的开国功臣。隋文帝却无奈地说道:"没有柳裘、刘昉、郑译等人,我到不了今天的地步。然而,这些都是反复无常的小人啊!周宣帝在位时,他们因投机钻营受到宠幸。周宣帝病危时,本来颜之仪坚持要诸王辅政,可是这些狡诈之徒却使我临危受命。如今他们一个个矜功自

傲，委以重任则露不逊之色，夺其权势又吐怨恨之词，是他们自己不能取信于人，非是我要抛弃他们。也许民众私下会说我轻视功臣，实在情非得已！"

春秋时期，齐国上大夫晏子说过一句名言："一心可以事百君，百心不可以事一君。"君臣互信是权力运作的基础，卖主求荣则是严重的品行不端。宫廷政变时，柳裘等人眉目相交的眼神和各怀鬼胎的私语，实在令人毛骨悚然，以致杨坚担心自己的皇位也会被人同样地窥视和觊觎。

但是，柳裘有亏于臣子之道不假，有恩于杨氏之国亦真。无论隋文帝多么地不肯信赖他，柳裘的定策之功是永远无法否认的。

一日临朝听政时，隋文帝忽然想起了柳裘，他对这位南士一生遭遇心生感慨，遂向朝臣问道："曹州刺史何时该当入朝？"

有人回禀："就在今年冬季。"

依照隋朝行政管理制度，刺史以上的地方官员每隔三年必须进京述职一次。隋文帝本想立刻征召柳裘进京接受封赏，但为了避免他往返奔波，只好等待冬天的会面。

可是，深秋时节，突然传来了曹州刺史柳裘病故的消息。隋文帝哀叹不止，痛惜多日，下诏予以厚葬，并赠送谥号曰"安"，以此表彰柳裘的安邦定国之功。

平陈之战

南士王颁不忘陈霸先的杀父之仇,给隋文帝进献了平陈策略,并直接参与南征,帮助隋军灭亡陈朝。在整个复仇的过程中,王颁还有哪些惊人之举?

582年2月17日,五十二岁的陈宣帝陈顼病逝。两天后,皇太子陈叔宝继位,是为陈后主。

北伐失败以来,陈朝再也无力谋划卓有成效的进攻策略。在一片煎熬和绝望中,陈后主整日饮酒作乐,在美人舞动的裙摆下,享受着最后的苟延残喘。

从陈霸先到陈叔宝,陈朝在三十年中历经五位皇帝,但这略显悠长的岁月丝毫没有冲淡南士王颁心中的仇恨。作为梁朝名将王僧辩之子,王颁自幼被当作新生代武将培养,随时准备接替父亲的军事职务,因此他所学的主要是兵书战策方面的内容。入北后,王颁仍然不改父志,专注武事而不甚理会经史,这在很大程度上限制了他在北朝的发展空间。南士之所以受到敬重,在于他们学识渊博,而统兵打仗,乃是北人的专长,加之军机要事无需像制度变革那样假手于人,所以王颁寂寂无闻地度过了整个北周时期。

然而,这还不是王颁最感压抑的事情。当初同为质押江陵又北迁长安的武将家属,陈顼、陈叔宝父子不但被赎救回国,而且他们还能跻身帝位!这让王颁坚信,如果不是父亲死于陈霸先之手,那么他的命运将与陈氏父子互换。因此,王颁向南陈复仇的决心非但没有削减，反而越来越浓烈。

王颁真正展露头角是在隋初。那时，南方洞僚滋事，朝廷募兵攻剿，王颁应征参加了平叛的队伍。在整个军事行动中，一代名将的家风赋予了他攻防的智慧和临阵的勇气，仅此一役，王颁便立下赫赫战功，平步青云，受封蛇丘县公。

几年后的一天，王颁写下一份奏章递入朝堂，向隋文帝进献了一套平定陈朝的策略。那种历久弥新的仇怨让王颁时刻留意着陈朝的一切弱点，毁灭敌国的愿望促使他反复思索着各种进攻的可能，可以想见，他的平陈方案多么完美。隋文帝读罢，马上宣召王颁入宫详谈。

历来北兵渡江作战皆非易事，周武帝伐陈尚有长湖公全军覆没的惨败，南朝的水战优势和长江的天堑作用，绝不能等闲视之。不过，王颁想到了应对之法。长江绵延数千里，陈军不可能处处布防，只需调动大军全线列阵，必能找到对方的破绽。倘使隋军成功过江，北人的陆战优势便可尽情发挥，彼时陈人唯有束手就擒。

隋文帝仔细听取着王颁的剖析，频频点头，称赞他不愧是梁朝名将之后，果然谋略过人。王颁得闻皇帝提到了父亲，顿时泣不成声。杨坚理解王颁多年来卧薪尝胆的委屈，陪泪半响。

588年11月22日，隋文帝任命晋王杨广为大元帅，总领水陆军队五十余万沿江排布，做好了总攻陈朝的准备。东至海滨，西至巴蜀，旌旗遮天蔽日，只待一声令下，便是万舸争流。

打仗虽是武人之事，文职亦有重要作用。根据战前安排，南士刘臻被征调军中，负责文案工作。他的任务有三：其一，撰写讨敌檄文，为出师南下大造舆论；其二，及时把军情修成战报，呈送皇帝；其三，大获全胜时，他还要以最快的速度拟定告捷文书。刘臻精于两汉历史，通晓前代行文，加之他文笔老道，故而成了这一任务的最佳人选。

或许因为军务过于繁忙，隋文帝有所遗忘，在此问罪陈朝的关键时刻,王颁却没有收到出征的调遣。他无法按捺自己的激动心情,上书朝廷,主动请战。杨坚批准了王颁的奏章,允许他随意加入任何军团。

王颁倾尽家资,招募了一支数百人的队伍,经过日夜操练后,投奔了庐州总管韩擒虎的部队,因为这是一支距离陈都建康最近的大军。

589年1月22日晚间,江上大雾。庐州总管韩擒虎挑选出包括王颁在内的五百名勇士,组成一支先遣队,在夜色和浓雾的掩护下横渡长江,并以迅雷不及掩耳之势占领了南岸要塞采石矶,正式拉开了平陈之战的序幕。

庐州驻军陆续渡江,韩擒虎领兵东进,不到半天时间便攻占了姑熟。而后,在距离建康仅一步之遥的新林,韩擒虎所部扎下了隋军的第一座营寨。

夜幕低垂,乌鹊南飞,经历了一天苦战的王颁躺倒在军帐之中感到遍体沉重。敌人在他身上留下的伤口隐隐作痛,随着夜色加深,痛感越来越剧烈。王颁辗转反侧,难以入眠。仇恨让他变得既坚强又脆弱,冲锋陷阵时他不畏生死,但是想到身上的伤情可能会令他缺席后续战斗,王颁潸然泪下。建康近在咫尺,当年父亲就在城中被杀,若不能亲手破之,无异于终生大憾。精神恍惚间,王颁忽觉有人来到身旁,喂他服用丹药。惊醒后,发现并无一人,但是王颁感觉神清气爽,痛楚全消。有人猜测,这是他替父报仇的孝行感动了天帝,因而受到神恩垂爱。

589年2月10日,韩擒虎率军向建康发起猛攻,旋即大破城池。隋军在一口水井里捕获了陈后主陈叔宝和他的两位宠妃。至此,陈亡。

隋文帝传令将陈后主及陈朝百官押往隋都,又命军兵继续驻守和接管整个江南。

这一天,隋军的营门外突然聚集了一千多位南陈的降兵,他们

平陈之战

声称专为拜会少将军王颁而来。原来这些人都是昔日王僧辩的部卒,听闻主帅之子就在营中,争相赶来问安。

在见到父亲旧部的那一刻,王颁百感交集,号啕大哭。众人惊慌地问道:"少将军亲手攻破陈氏国家,怨仇已然得雪。您为何还要如此悲伤呢?难道是因为不能手刃陈霸先吗?我等愿助少将军掘其坟墓,开棺焚尸,以慰您的孝心。"这是一群有愧于心的军人,当初未能与主帅同生共死是他们亟待洗刷的人生污点,欲借此机会将功补过。

王颁跪地拜谢,叩头至额角流血,答道:"陈霸先以帝王身份下葬,坟茔甚大,恐怕还没来得及挖到他的尸骨,事情就已败露,这该如何是好?"王颁的顾虑来自《开皇律》:"毁人坟上封土,处三年徒刑。剖掘棺椁,当判绞刑。不论墓主何人,通用本法。"但是,那些王僧辩的旧部坚决不肯错过这个赎罪的机会,皆称愿意冒险一试。王颁再拜后,同意照办。

当夜晚间,众人带领王颁秘密潜入陈霸先的陵园,用事先准备好的锹锸动手挖掘。天未明,得见椁室。王颁奋力劈开棺木,拉出陈霸先的尸骨,具火焚烧。接着,他抓取一把骨灰投入水碗,一饮而尽。

王颁谢过众人,然后自缚双手,走进大元帅晋王杨广的营帐,甘承其罪。杨广不敢做主,将此事呈报皇帝。杨坚批复道:"朕发兵灭陈是为了维护世间正道,王颁所做合乎孝义,我怎忍心降罪于他!"于是,释放王颁,不予追究。

依照隋朝功勋认定标准,王颁平陈的战绩足可封为柱国将军,并可领受锦帛五千段的赏赐。可是,当王颁接到朝廷的委任状和奖励物品时,他上书拒绝道:"臣借助国威报仇雪恨,本是出于私怨,并非一心为国,故而不能冒领朝恩。"隋文帝知道,对于专心品味快意恩仇的王颁来说,高官厚赏反而成了一种打扰,于是他收回了旨意。

直到多年后,杨坚终于找到一个恰当的时机,拜王颁为代州刺史。这一次,王颁同意赴任。

随着南朝疆土并入北朝版图,中国结束了两百多年的分裂时代,实现了久违的大一统。这既是一次由北而南的政治统一,又是一次由南而北的文化统一。北人的武力完成了横扫万里,南士的才学实现了混同文轨。

长江上的蒙冲斗舰消失了,天各一方的人们乘坐着轻快的小舟,跨越从前的政权边界,寻亲访友,相诉别情。

八十五岁的殷不害也天天盼望着与长子殷僧首的团聚。自575年他被周武帝遣归陈朝以后,父子二人南北分离已经十四年之久。这位经历了侯景之乱、江陵之役和陈亡之祸的南士早就看穿了世间兴亡,任是怎样的龙争虎斗,都抵不过他对儿子的思念。

殷僧首的内心同样急迫,在得知父亲并未跟随陈朝官员一同北迁后,他即刻启程,奔赴建康与父亲会面。当时殷僧首在隋都大兴任有官职,为了忠孝两全,他只好将老父接到北方赡养。可是,属于他们父子的共处时光已经不多了。入北的一路上,殷僧首全心照料,可是殷不害中途病发,走完了他多灾多难的一生。

怒斗权臣

> 隋文帝偏重北人,排挤南士,最终形成了北人专理朝政的局面。南士何妥不惧权威,决心向北人集团发起挑战。他会达成所愿吗?

周宣帝宇文赟在位时,京兆尹乐运曾接到内史上大夫郑译的请托,要他利用职务之便处理一件私事。乐运一向看不起此人的操守,断然回绝了他的请求,此举惹恼了郑译。后来,杨坚做了丞相,郑译因参与矫诏有功,被任命为丞相府长史,协管朝政。于是,郑译公报私仇,下发公文免去了乐运京兆尹的官职,将其发往千里之外的渑阳做县令。

乐运满腹冤屈,但在渑阳依然恪尽职守,辖区被他治理得井井有条,民间皆传诵他清正廉洁的美名。然而,任期届满后,乐运未获升迁,反被派往更远的高唐做县令。

乐运正处四十岁的旺年,依照他的行政能力,本可胜任更高的官位或者治理更广阔的辖区。面对信手拈来的县级公务和渺茫的仕途,他知道必须为自己的理想重新寻找出路了。

自从任职北周露门学士以来,乐运始终抱有一个愿望,就是想要成为一名直陈得失的谏官。在乐运看来,国家的所有权归于君主,但治理权必须君臣共享。官员在皇帝犯错时给出合理的谏言,既是臣子应尽的职责,又是避免国政危亡的途径。所以,当周宣帝肆意妄为之时,他不惜载棺直谏。可是,如今乐运身处偏远小县,失去了登堂言事的资格,他的理想又该如何实现呢?

乐运利用闲暇时间,翻检了大量古今书籍,选取其中典型的进谏故事六百三十九条,编成了一部四十一卷的集录,取名《谏苑》。随后,乐运派人将《谏苑》献于朝廷,希望此书能够补充当朝的议政方式,在殿堂上形成进谏和纳谏的良性互动。

隋文帝收到乐运的作品后,一边翻阅,一边赞不绝口。可是,他却假意不知郑译的小人行径,更全然无视乐运遭遇的不公,致使乐运终其一生只在漄阳、高唐两县来回调转,成了一位被淡忘的人物。

隋文帝杨坚生于华阴,长于长安,因此,亲信和故交多是北人。虽然南士群体曾协助他谋政夺权,但这并不能构成他的信赖基础,毕竟其父杨忠参与了江陵之役,杨坚不能确定南士是否放下了心中的芥蒂。

隋朝建立后,杨坚将国家的关键部门和重要职位几乎全部交由北人执掌。即便那些全赖南士操刀的文化和制度建设,也毫无例外地安排在北人的主持下进行。更有甚者,隋文帝为了笼络北人,往往对南士进行刻意打压。每当北人与南士发生矛盾,他从来都是袒北抑南。

既然隋朝的政治生态如此,那么乐运的遭遇就不是偶然现象,当然也不是个案。

隋文帝喜好祥瑞之说,故而对五行阴阳之术颇有兴趣,遂将精于此道的南士萧吉安置在太常官署中,考定古今阴阳图籍。萧吉性情孤傲,不愿与北人为伍,从而开罪于御史大夫杨素。多年里,萧吉屡遭排挤,有志难申。萧吉为了改变自身处境,曾尝试通过伪造神迹的方式取悦隋文帝,但没能给他的处境带来任何改善。

南士王颇的遭遇则更为极端。他因力辩国子祭酒元善而得到了国子博士一职,不想由此触犯了北人的利益,所以屡遭参劾。后来,不知王颇所获何罪,居然被发配到岭南戍边。

可是,北方能够称得上贤才的人物寥寥可数,经过对南士无所

怒斗权臣

不用其极的打压之后,朝廷政务迅速集中到苏威、高颎、杨素等几位北人手里,甚至出现了苏威一人身兼民部尚书、大理卿、京兆尹、纳言、御史大夫五职的情况。

入北以来,南士们为北朝的政权建设可谓不遗余力,这种低人一等的政治仆从地位再也不能满足他们的愿望。北人统管的政务已经多到处理不完,实在到了举贤荐能的时候,可是他们仍旧大包大揽,妄图将南士彻底排除在中心权力之外,这该是怎样的自私自利!

终于,国子博士何妥怒了。他决心向北人发起挑战,帮助南士群体夺回属于他们的权力。最后,何妥将"五职大臣"苏威当作了他的首选攻击目标,因为此人嗜权如命的行为已经引致朝野共愤,就连北人对他也是颇有微词。

一次朝会上,苏威向隋文帝说道:"家父在世时常常告诫微臣,读一本《孝经》足可立身治国,哪里要读太多书!"苏威之意在于通过散布读书无用之论,进一步否定南士的价值。

隋文帝刚想点头,何妥当即反驳道:"据臣所知,苏威所学,不止一本《孝经》。若他的父亲果真有此一说,苏威则是不听父亲教导,他不孝。若他的父亲没有说过这样的话,苏威便是当面欺骗陛下,他不诚。不诚不孝之人,怎么能侍奉君主?况且孔子有云:'不读《诗经》,就无法精彩表达;不读《礼记》,就难以安身立命。'怎么苏父教育孩子要跟圣人的训诫反着来呢?"

苏威面红耳赤,无言以对。何妥仍不肯放过他,郑重跪倒在地进奏隋文帝,极言苏威不可信任,切不能将朝中要职委派此人。但是,隋文帝唯诺数声,不置可否。

苏威的精力到底有限,政务缠身,难免疏漏。一次主持修定天文历法期间,他出现了多次失职,又在执行律令时,屡有贻误。何妥见状,遂向隋文帝呈递了一份长表,倾吐对朝廷用人的隐忧之意。何妥写道:

"其一,知人善任是智者的标志,帝王囿于多种原因并不容易做到,但人才的使用关乎国政优劣,需要慎之又慎。正确的做法是奖赏那些举贤荐能之人,重罚那些嫉贤妒能之辈。然而,如今用人却是不分谄媚或耿直,不辨贤德或愚鲁。爱之,一朝位极人臣。恨之,终生末等小官。官员的不满,即源自于此。臣听说'封官赐爵,要与士人同享权力;街市行刑,要同民众共弃罪人'。陛下一贯留心监狱诉讼,每次御审皆与朝臣商议,故而能够刑罚公允,明辨是非。臣以为,官爵之事也当如此。自今以后,若要遴选重要官职,当与大臣商议,不应听信某些人的举荐。皇上没有偏心,臣属则无怨言。

"其二,所谓朋党,便是沆瀣一气的官员。对于同流合污者,即使此人已足够显达,他们仍然大加提携。对于厌恶嫌弃者,尽管此人已饱受屈辱,他们依旧薄言诋毁。朋党之间互行方便,定然彼此遮掩是非,从而产生欺瞒皇上之心。同时,那些饱受屈辱之士,私下也会怨恨当朝,讲出指摘的言语。万望陛下仔细查访,不要让朋党得逞。因为国之大患,没有比这更厉害的了。

"其三,选官分权有利于官员各任其职互不干扰,这不仅是政务有序的保证,也是衙署间和睦融洽的基石。如今官职虽多,却委任少数几位,乃至有人身兼多职!难道国家无人可用?或者没人比他更优秀?非也。天下良才不胜枚举,只是没有进升的门路。朝中某些官员并无吏干,却自以为能,唯恐总领的权力不够多。愿陛下盛选贤良,依据才华分理朝政,以保政务有条不紊。只有如此,才会让国家走上治理的坦途。"

虽然何妥的奏章里没有直接点名,但无疑处处针对北人集团,特别是那位权倾朝野的苏威。隋文帝览毕,仍旧不以为意。

苏威最终获悉了何妥上书一事,他顿生歹意,伙同北人设计了一条报复何妥的狠毒阴谋。

何妥的儿子名叫何蔚,时任秘书省秘书郎,正七品,职责是典校书籍。很难想象这样一个文职小官如何能够闯下滔天大祸,突然之

怒斗权臣

间被绳捆锁绑投入大狱,乃至问成死罪,等待处斩。兴许北人的诬陷太过毒辣,就连隋文帝也觉得超出情理,下诏免去何蔚一死。可是,何妥却必须承担教子无方的责任,于586年贬离京师,外放为龙州刺史。

政敌的肆无忌惮并未让何妥产生丝毫畏惧,他一面积极治理辖区,一面发挥自身的儒学专长,在龙州广开学馆,极力推广孔孟之道。何妥书写了一篇劝学的文字,将之雕刻在石碑上,树立于城门外,以此激励民众学习四书五经的热情。

此时正值中国科举制发端的前夜,"行万里路,破万卷书"的风气渐起。学子们听说有位朝廷国子博士贬官龙州,纷纷背起行囊,蜂拥而至。何妥认真地接待每一位来访的生员,哪怕有人到访只为求证经典中的疑难之处,他也会耐心解答。何妥知道"得民心者得天下"不仅是政治的特征,文化领域同样适用。他要通过广传南朝正统思想的方式,让苏威一本《孝经》治天下的说法,成为尽人皆知的笑话。

议乐纷争

在隋朝乐制建设的过程中，南士何妥与北人集团发生了激烈冲突。何妥在盛怒之下，向隋文帝揭发了苏威朋党一案。此举会给大隋官场带来什么样的改变呢？

582年，隋朝甫立之时，南士颜之推曾向隋文帝建议："礼崩乐坏，历时已久。现今太常寺演奏的雅乐，杂糅着胡人的声调，愿陛下依据梁朝乐制，重建古典曲目。"可是，这条议案遭到了杨坚的拒绝："梁乐乃亡国之音，怎能让我用呢？"因此，修乐一事被搁置了下来。

不过，颜之推的建议或多或少地提醒了隋文帝。乐制乃国之大事，只有在管弦的配合下，才能增益统治的效果。古往今来的帝王们在揣测孔子听韶乐三月不知肉味的深意时，赋予了音乐体国经野的政治哲思，乐理被引申为伦理，音乐的律动被当作教化的感动。所以，不久后，当有大臣再次提出修乐的主张时，隋文帝不再迟疑，诏令太常寺和国子寺合作办理此事。

历来乐器的制造保管、乐师的调教培养、乐曲的谱写演奏皆由太常负责，但音乐的总体思想从属于儒学，因此，需要国子寺提供相应的理论参佐。于是，两个机构各派代表，就乐制建设的详细情况展开讨论。

一开始，国子博士何妥便以国子寺的主要参与者的身份，加入了乐制讨论。可是，由于杨坚不愿采纳梁乐而北人又难通华音，所以隋朝的乐制建设进行得相当缓慢。其后，随着何妥贬官龙州，议乐之事基本上处于瘫痪状态了。

588年的一次朝会上,隋文帝征询乐制建设情况,得到的答复是一切都还悬而未决。隋文帝大发雷霆,责问道:"我受命已经七年,难道乐府机构还要继续歌颂前代的功德吗?"杨坚终于醒悟到,虽然他已尽掌国家军政大权,但从儒家乐制角度讲,却依然未能获得十足的皇帝身份。

隋文帝想起了身在龙州的何妥,若想恢复华夏正声,此人是不可或缺的中流砥柱。589年,隋文帝将何妥征调回朝,官复其国子博士的原职,命他二次加入议乐的行列。

然而,谁也不曾想到,何妥的回归即将给大隋带来一次轰动朝野的官场巨震!

复职的第一天,何妥发现议乐的队伍里增多了一个人,此人是太常寺的新晋官员,名叫苏夔,其父便是"五职大臣"苏威。强大的政治背景使得这位年轻人根本不知道什么叫作谦虚,那些拥有几十年声乐经验的老臣尚且迟疑不定的问题,苏夔凭着一股自命不凡的高傲,提出了两点修乐主张:其一,废除北周以来利用林钟确定宫调的做法,改用黄钟定调;其二,实行十二音律轮流做调首的规则,保证一年中的每个月份都要对应不同的演奏声高。

苏夔提出的第一点主张实非他的首倡,何妥也一直秉承这样的观点,因为剔除胡人音乐影响之后,恢复"黄钟大吕"的古制势在必行。苏夔的问题出现在第二点,十二音律轮流定调一说属于生套典籍的想法,并不符合中华乐制的发展历程。因此,何妥反对道:"文献中确有十二音律轮动的记载,然而仅限于理论。自古以来,声高对应月份的做法从未真正实施,更与两汉魏晋以来的音律规则不符。"因此,何妥主张演奏黄钟一个宫调即可。

苏夔几乎不敢相信自己的耳朵,怎么眼前这位乍回京城的南士居然有胆量提出异议?难道他还没有见识到北人的厉害之处?苏夔轻蔑地一笑,随后他仗着北人得势的底气,频频向何妥发起言语攻击，意在告诫对方时刻牢记被时代赋予的战俘和奴婢身份！可是，作为梁朝鼎盛时期培养出来的精英人物，何妥的口才绝难匹敌，博学多识又平添了他论辩的伶俐程度。不消片刻，苏夔被反诘得气喘吁吁。

不过，身处议乐现场的何妥此时却见到了一个非常奇特的现象。不管自己多么据理力争，十之八九的在场官员都会摇头苦笑。而无论苏夔多么强词夺理，他们总在轻声叫好。原来大隋的殿堂里竟然充斥着一群势利小人，他们为了巴结重臣苏威，对苏夔一味曲意逢迎，根本不管孰是孰非。何妥无限愤慨，当然也就更加坚持己见，而冤家路窄的共事局面进一步加重了双方剑拔弩张的气氛，苏、何二人各不相服，最终不欢而散。

此后，争论和争吵成了议乐的常态，在苏夔与何妥的一次次较量中，隋朝的乐制建设一再耽搁。

但是，隋文帝等不及了。尤其当平陈的队伍凯旋而归时，他多么渴望宫廷里能够奏响专属本朝的欢庆乐曲啊！然而，几经催问，收到的答复总是"未成"。隋文帝耐着性子听取了议乐的详细过程，最终得知乐制建设进展缓慢的原因在于太常寺苏夔和国子寺何妥之间存在严重分歧。隋文帝马上传令，要求将乐工分为两组，何妥和苏夔各领一支团队，按照各自的音乐主张编制曲目，待到乐成之日，择优取用。

这一决定对何妥是有利的，较之苏夔十二音律轮流定调的做法，何妥只取黄钟一宫，使得整个音乐制作过程精简了许多倍。所以，当苏夔一方仍然夜以继日地忙碌时，何妥团队率先完成了乐曲样章的编排及演练。

这一日，何妥邀请隋文帝来到乐坊。待到皇帝坐定之后，何妥命令乐工开始演奏。一时间，钟鼓奋进，管弦引吭，余音袅袅，绕梁不绝。杨坚拊掌大赞道："滔滔之声，非常合乎我期待中的雅乐！"

何妥借机禀奏道："黄钟之宫，象征人君之德。用此一律足矣，不必轮转其他声调。"杨坚点头同意,重赏了何妥及其团队。

何妥先发制人的举动引起了北人集团的强烈不满。在一次讨论文学的过程中,"五职大臣"苏威与何妥发生了直接的言语冲突。二人先是口角,接着变成争吵。苏威恶言相向道:"没有何妥,不愁没有国子博士!"何妥应声回击:"没有苏威,怎忧缺少朝廷大员!"随后,双方甩手离去。

尽管隋文帝明显倾向于何妥的音乐方案,但是当苏夔的团队完成曲目制作后,他仍然要求朝臣就"何乐"与"苏乐"进行比较。在这场关乎音乐取舍的讨论会上,北人毫不遮掩他们的偏心,即便那些对音律一窍不通的官员,也在努力强调他们喜欢苏乐更甚于何乐。

面对现场一边倒的叫嚣,何妥怒不可遏,害子之仇、排挤之恨一起涌上心头,他凄冷地说道:"我从事儒学四十余年,怎可承受一位黄毛小子的屈辱!"说着,他起身直奔宫廷,面见隋文帝启奏道:"苏威与礼部尚书卢恺、吏部侍郎薛道衡、尚书右丞王弘、考功侍郎李同和等人,平辈拜为兄弟,小辈认作义子,相互结为朋党,多行不法。有苏彻、苏肃二人,原不符合任用条件,只因是苏威堂弟,终被合谋授予官职。另有书学博士王孝逸,本为朝廷命官,却被他们私用为府中参军。"隋文帝闻言大惊,立即降旨侦办此案。结果证明,何妥所言句句属实。

当苏威接受龙案御审时,他跪在地上,不停地发抖。隋文帝取过一本梁朝沈约撰写的《宋书》掷给苏威,要他大声念诵其中的《谢晦传》。苏威瑟缩着翻开书页,颤声朗读。

谢晦是南朝前宋时期的佐命大臣,此人广结朋党,权高震主,甚至掌控着皇帝的废立。最终,因为不合臣子之道,被杀身亡。

苏威越读越怕,摘掉官帽匍匐在地,一个劲地磕头告罪。隋文帝道:"现在请罪,为时晚矣!"传旨免去苏威父子一切官爵,直接贬为庶民,同时要求将涉案的朋党全部治罪。此案牵连甚广,仅知名官员被逮捕或发配者,就达到了一百多位。

经由苏威朋党一案,加以《宋书》恰到好处的提醒,隋文帝猛然意识到偏重北人的危害。从此以后,他逐步加大对南士的任用,结束了北人专理朝政的时代。

何妥怀着喜悦的心情上书皇帝,以正式奏章的形式,阐述黄钟一宫的正当性及合理性。杨坚非常满意,敕令太常寺一概听由何妥差遣,以便完善现有音乐并尽快编制后续曲目。

594年3月,在何妥的主持下,太常雅乐告成。隋文帝下诏废除北周旧乐,推行新乐。

不久后,隋文帝将何妥任命为国子祭酒,隋朝的中央官学终于落入了南士手里。

太子失位

> 皇太子杨勇亲小人、远贤臣,致使东宫里的江陵南士不断流失,终被隋文帝废黜。在杨勇失位的过程中,南士有哪些遭遇和表现?

583年,八十五岁的名医姚僧垣去世。在生命的最后时刻,他给儿子姚最留下一份遗嘱,要求入殓时只能使用白色寿衣,不可随葬朝服;祭桌上无需摆放长明灯,仅设香盒一个和清水几盏即可。

拒葬朝服,说明姚僧垣不承认北朝的官职;简设灵堂,表示他不承认入北后的一切价值;素服入棺,既是对梁朝故国的悼念,又是向江南祖先的告罪,因为他只能埋骨他乡,无法归葬祖坟。

隋文帝看懂了姚僧垣的痴情,下诏追赠他太医下大夫的本官,又加封他名义上的荆州刺史和湖州刺史。荆州即梁都江陵,湖州乃姚氏祖籍。隋文帝在国家层面上,帮助姚僧垣达成了临终夙愿。

太子门大夫姚最辞去东宫的官职,在家守孝。三年后,丁忧期满,他承袭了父亲北绛郡公的爵位,并等待职务上的复出。可是,姚最未能重获东宫的本官,而是改派益州,出任蜀王杨秀府中的司马一职,负责参谋军事。

当时的皇太子东宫正处于健康发展时期,流失一位掌管门禁的南士姚最也不算什么大事,至少没有对皇太子杨勇构成明显影响。

不过,594年太子内舍人明克让的病故,却使得皇太子悲痛难当。杨勇与明克让相处十余年,二人亦师亦友,感情深厚。杨勇动用自己的积蓄,赠予明克让绢布二千匹、铜钱十万贯、朝服一领及棺椁一副,用于厚葬。隋文帝也无比沉痛,追赏明克让锦帛五百段、米三百石,感谢他对皇太子的教化之恩。

明克让精通儒家《三礼》,他的过世无形中削弱了皇太子礼仪方面的培养。在以儒家思想治国的隋朝,一旦缺失贤德长者的指引,后果是非常可怕的。

明克让死后的几年里,东宫违制事件层出不穷。最典型的例子就是,每逢重要节日,官员们开始参照朝觐帝王的规格拜见皇太子,并在杨勇面前以"臣"自称。而杨勇全然不识此中的僭越之义,只当众人提前向他表示敬意,不加阻止和纠正。当然杨勇更不会想到,隋文帝杨坚早将这一情况视为皇太子对皇位的急不可待,从而对他生出了几分猜忌。

南士刘臻进入东宫大约是589年,他因在平陈之战中掌管文书有功而晋爵饶阳县伯,随后被授予太子学士一职。此时的刘臻年过六十,虽不算很老,却已显露目光呆滞、神情恍惚的状态。原本博闻强记的他,时常遗忘世事,再配上文邹邹的言语,略带几分滑稽。皇太子杨勇每次见他总不免带有几分狎弄之意,时而还将一些不合礼法的事情交给刘臻去做。

一次,杨勇听闻江湖上有位名叫章仇太翼的术士能够预知未来,便命刘臻将他偷引至宫中,为自己卜筮前程。刘臻一生专攻两汉历史,本应知晓汉武帝时期太子刘据因巫蛊之祸被逼自杀的往事,然而或是衰老使得刘臻丧失了预知后果的能力,他竟然遵命行事。

隋文帝听闻太子占卜的消息后,登时疑窦丛生,大感不悦。皇太子身为一国储君,自是无需问卜富贵,那他定然是想要知道老皇帝何时过世。隋文帝越想越气,渐生废黜杨勇之意。

东宫有位名叫刘行本的官员,为人刚直敢言,他见太子受到皇帝咎疑,怒斥刘臻道:"你就是个书呆子罢了!"可是,事已至此,刘

太子失位

臻悔亦无用。598年，刘臻病故，引术士入宫一事成了他人生最大的败笔。

杨勇早年纳妃元氏，但他并不喜欢这位皇太子妃，而是偏爱嫔人云氏。云氏的父亲名叫云定兴，经常以看望女儿为名出入东宫。云定兴为了讨好皇太子，不时将一些奇器异服携入内宅，送与杨勇赏玩。同时，在与皇太子相处时，他完全不顾尊卑礼数，谈笑无度且谄媚至极。一日，皇太子妃元氏突然暴亡。尽管医生诊断为心病突发，但皇后独孤伽罗认定必被嫔人云氏毒杀，于是迁怒杨勇。皇后在东宫安插了许多耳目，记录太子的罪行，并私下建议丈夫杨坚废黜长子，改立他子。

可是，直到此时，杨勇依然没有意识到自己处境的危险，在元妃新丧的情况下，仍旧同云定兴保持密切往来。太子左庶子裴政见状，私下奉劝云定兴道："你所做之事，不合礼度。元妃暴毙，朝野都在议论纷纷，你的行为将会败坏太子的名声。希望你能自行引退，不然将要大难临头！"云定兴大怒，转而向杨勇痛诉裴政无视他人亲情，阻拦他父女会面。

在云定兴的挑拨下，杨勇开始疏远裴政，乃至最后奏请皇帝，将裴政外放为襄州总管。裴政时年八十有余，明显需要家人照料，但为了惩戒裴政，杨勇不允许他的妻子和孩子随同赴任。

裴政只身抵达襄州之后，发现皇太子给他安排的这处地方一点都不美好。流民众多，盗贼丛生，案件高发，实是无人愿意接手的所在。不过，裴政并不因为自己年老而心生胆怯，到任数月后，就已初步掌握了襄州的犯罪情况，但是他暂时隐忍不发。

一天，襄州举行集会。正当民众云聚广场时，裴政传令军队严把出口，又命衙役走入人群，将那些为非作歹之徒全部带出。接着，他出示罪证、审查罪状、核准罪名，当众判处五人死刑，流放数人。

这场众目睽睽之下的公审顿时震慑全境，此后襄州违法乱纪之人近乎绝迹，甚至监狱都年久失修，破败不堪。

作为《开皇律》的主要编订者,裴政几乎无需翻阅律例便可从容断案。他多年决狱经验养成的镇定自若的神情,也让襄州百姓相信这位新来的裴大人绝对是一位明察秋毫的好官。后来,襄州民间开始盛传一个神奇的故事,皆言裴政有神明附体,即使坐在官署中,也能洞悉世间善恶。

裴政崇尚节俭,又是孤身为官,所以每至岁末,官俸所剩犹多。裴政一文不留,全数分与下属,僚吏对他感恩戴德,个个勤于职守。

八十九岁这年,裴政病逝于襄州治所,身后留有一部十卷本的《承圣降录》。"承圣"是梁元帝萧绎的年号,"降录"意即降人著录。原来裴政在北方半生为官,终究未忘故国。也许在他的心中,当年江陵城下喊话的义举,尚不能尽报皇恩吧。

脱离了南士辅佐的皇太子杨勇是可悲的,他既不懂得避嫌的重要,又不知道太子之位的风险。在宵小之辈的一再误导下,他在错误的道路上渐行渐远。

隋文帝看着摆放在御案上的传国玉玺,想起了周武帝宇文邕。那是多么难得的一位明君啊,只因错立了宇文赟为皇太子,便让自己轻易篡夺了皇位,那么还有什么理由不吸取这个前车之鉴呢?

600年11月20日,虽然大多数朝廷官员认为皇太子杨勇罪不至废黜,但隋文帝毅然剥夺了他的储君地位,且直接贬为庶人。二十多天后,杨坚诏立次子晋王杨广为隋朝的新太子。

隋文帝的态度看似坚决,但东宫的变故对他也是不小的打击。想到东宫初建时的井然有序,隋文帝不止一次地说道:"假使裴政、刘行本在太子身边共同辅佐,哪里会落到这步田地!"

太子失位

三才机理

> 隋朝是"三才学说"发展的重要时期,南士们通过阐释天道、地道、人道,贡献了各种解释世界的方法。他们的三才理论对现实政治又构成了怎样的影响?

太史中大夫庾季才和儿子庾质花费了数年时间,终于编纂完成了隋文帝委托的《垂象志》和《地形志》两部作品。此时,庾季才已经年过八十岁。他多次上表朝廷,乞求皇帝收回他的官职,批准他在家安度晚年。可是,隋文帝不舍得庾季才的一身天地学问,每次都是宣旨夸赞一番后,驳回他的请求。

不过,公元600年的一天,情况出现了变化。

在隋朝太史官员里,有位名叫袁充的人,向隋文帝进献了一份奏章,道是:"我朝立国之后,白昼渐长,日影渐短。开皇元年冬至,日晷测得太阳投影一丈二尺七寸二分;开皇十七年冬至,测得太阳投影一丈二尺六寸三分。太阳距离北极近,则影短昼长;距离北极远,则影长昼短。根据《京房别对》记载:'太平盛世,太阳运行于上道;升平治世,运行于次道;霸代末世,运行于下道。'大隋开国以来,上感天元,日影之象,自古罕见!"

隋文帝刚刚废长立次,正急于证明自己决策合理,袁充的奏章给了他莫大的安慰。然而,当杨坚就此事询问庾季才时,却得到了一个让他极度失望的答案。庾季才认为,即便袁充测得的数据真实可信,也不能证明日影长短与国运盛衰之间存在必然联系。一年之中,夏季日影短,冬季日影长,难道夏天比冬天更接近盛世不成?

隋文帝听完庾季才的分析,心中恼火,当廷免去了庾季才的官职,将他遣回家中养老,俸禄只保留原来的一半。隋文帝对百官强调说:"影短昼长,乃上天佑我大隋之兆。新太子初立,应当据此改元。"遂改开皇二十一年(601年)为仁寿元年。

可是,因为隋文帝确信白昼当真变长,所以他做出了一个错误决定。隋文帝要求延长全国百姓的劳役时间,同时还增加了部分经营场所的税收。如此"盛世"显然与苍生的期盼相去甚远,民意渐有不平。

最晚在春秋战国时期,以天、地、人划分宇宙空间的三才学说,就已出现在中国人的观念里。天道阳刚、地道阴柔、人道中和,这是古人针对客观世界给出的基本假定。曹魏两晋时期,玄学盛行,人们对未知领域的探索热情大增,提出了观测天文、明晓地理、洞察人世的多种方法,希望在万事万物的蛛丝马迹中破译三才机理。无论庾季才的观星,还是袁充的观日,都是追寻天道的不同手段,本无高下之别。可是,假如一门技能带来了祸国殃民的灾难,无疑是失败的。

最终,隋文帝醒悟到偏信袁昂一家之言的危害,对强加给庾季才的惩处颇感后悔。然而,君无戏言,他不好再让庾季才复职,只能经常派人赶到庾季才家中慰问,并针对一些难解的灾祥异象寻求正确的解答。庾季才没有半点记恨皇帝的意思,每次都是用心回复,直到603年谢世为止。

面对苍穹的仰望,加速了审问大地的力度和管窥人生的深度。随着天道探索方式的多样化,人道和地道的推演在隋朝也进入了蓬勃发展时期,南士萧吉便是此中的佼佼者。

594年的一天,萧吉上书隋文帝:"今年甲寅年,明年乙卯年,天干地支均为木五行,此乃天地合德之象。今年十一月初一,辛酉日,与陛下辛酉本命相同,该日恰逢冬至,阳气初发。明年五月初七,甲子日,正与皇后甲子本命一致,该日适逢夏至,阴气始旺。当此乾天覆育、坤地载养二气交会之时,皇帝和皇后皆吉庆无比!"杨坚读后大喜,重赏萧吉布帛五百段。

萧吉的命理有其自身的逻辑,他将一个人的生年干支当作本命,将岁月的流逝视为一条起伏的道路。当本命在岁月的轨道上运行时,就会与节气、流年、流月、流日的干支构成五行生克和阴阳旺衰的关系,据此即可判断吉凶祸福。虽然这种预测方法牵强附会之处甚多,但萧吉的论命思想奠定了中国生辰推命法的雏形,对后世算命、合婚等民俗生活产生了巨大影响。

除了命理研究之外,萧吉还将阴阳五行学说用于相地堪舆,形成了一套较之前人更为完善的地道理论。他对阳宅和阴宅的论断屡有应验,权贵皆服其术。

公元602年9月15日,皇后独孤伽罗病逝。隋文帝传喻萧吉,要他寻找一处风水宝地,用于安葬皇后。根据当时通行的葬制,皇帝去世后也将与皇后合葬,所以萧吉肩负的实际任务是为大隋皇陵选址。萧吉游观四野,遍卜山川,经过多日艰难跋涉,终于在咸阳的一处地方停下了脚步。他取出笔墨,绘制了一张地形图,明确标注了选址地点。然后,他回到朝中,向隋文帝禀奏道:"葬于此处可保二千年基业,亦可保两百世子孙。"

不料,隋文帝看着萧吉进献的地图,若有所思地说道:"吉凶在人,不在墓地!北齐后主高纬的父亲下葬,难道不择地吗?可是,国家顷刻而亡。正如我家祖坟,若说不吉,朕不会成为天子。若说不凶,我弟弟杨整却战死疆场。"

隋文帝突然生发的异议或许让萧吉有些诧异,但在他的相地理论内,这并不构成解答的难题。高纬亡国完全可以描述成其父选错了坟地,而兄弟之间生死贵贱的差别也可用"左昭右穆"的不同葬位次序予以阐释。最终,隋文帝颇显犹豫地同意了萧吉选定的墓址。

为了彻底打消皇帝的顾虑,不久后的一天,萧吉再次上书道:"上月十六日凌晨,皇后墓地西北方有一团方圆五六百步的黑云,从地面升入半空。同时,墓地东南方七八里范围内,出现了一支装束严整的天兵,且有首领来回检阅,日出后消失。十余人可作见证。《葬书》记载:'地气与姓氏相生,大吉。'升腾的黑色地气属水,陛下姓杨属木,水生木,子孙万代兴旺之兆!"隋文帝被说服了,传令尽快在萧吉选定的葬址上修建皇后的陵寝和墓园。

尚书左仆射杨素、将作少监宇文恺最先接到了皇后陵墓的承造任务。可是,由于皇后下葬的日期短暂,陵墓的设计和施工相当紧迫。隋文帝又想到了一位能工巧匠,他便是南士何稠。

四十七年前,江陵沦陷之时,何稠只有十几岁的年龄,他在叔叔何妥的保护下北迁长安。其后,在定居北方的日子里,何妥一边照顾何稠的生活,一边将蜀川何氏的工匠技艺传授给他。何稠的动手能力似乎与生俱来,在器物制作和工程建造方面表现出超常的悟性。周武帝时期,心灵手巧的何稠即出任御饰下士,负责御用物品的生产和制造。入隋后,何稠被安排在御府监供职。

一次,隋文帝收到一件波斯人进贡的缀金丝绵锦袍,做工精湛,令人爱不释手,杨坚乃命何稠依样仿制。不多日,何稠将他亲手织就的锦袍呈献皇帝御览。隋文帝惊喜地发现,后者的华美程度甚至远超前者!

南北朝时期,战乱频繁,匠人流损严重,琉璃烧制工艺久已失传。隋文帝又命何稠试制琉璃,最终何稠使用绿瓷仿造成功,几乎达到了以假乱真的程度。

后来,隋文帝迁授何稠为太府丞,负责管理国家府库以及各地进贡的物品。何稠在收支统筹方面成绩突出,旋即加授员外散骑侍郎。不久后,南方爆发俚僚叛乱,何稠因征讨有功,再加开府仪同三司。

皇后独孤伽罗的陵园建筑面积大,工程时间紧,何稠充分发挥

自己的才能，解决了诸多设计和建造难题。两个月后，即告竣工。

602年12月17日，皇后独孤伽罗出殡。隋文帝与皇后素来情深，决定亲自为夫人扶丧送葬。萧吉认为皇帝此举不妥，进言道："今年是壬戌年，魁罡神煞强旺，又与陛下辛酉本命相犯。按《阴阳书》所载，不宜亲临丧礼。"然而，这种不近人情的说法遭到了隋文帝的否决。

萧吉回到家中，长吁短叹，对族人萧平仲说道："当初，我曾为晋王杨广推命，称他能够立为皇太子。今已应验，所以杨广对我感激不尽。前不久，我接到皇陵选址任务时，太子又一次召见我，希望我能够挑选一块有利于他早日登基的墓地，并向我许以富贵。我答复说：'现在这方墓地可保您处太子之位四年，便可御宇天下。'但是，此中的不利之处，我并未明言。当今圣上不顾气运所忌，亲临丧礼，冲犯神煞，此乃隋亡之兆！先前我说'可享二千年基业'，'二千'实为'三十'连写；'可保两百世子孙'，'世'字亦可拆出三个'十'。隋朝立国三十年后，当有真命天子横空出世。你要记住我的话，他日必验！"

诸王罹祸

杨广为了保住自己的皇太子地位,对蜀王杨秀和汉王杨凉进行了政治陷害和军事攻击。在这样变幻莫测的时局里,南士面临了何等困境?

名医姚僧垣的嫡长子名叫姚察,因江陵之役时在外地任职,从而逃过了北迁的劫难。后来,他出仕陈朝,历任著作郎、吏部尚书等职。隋军攻破建康后,姚察与南陈官员一道北迁大兴。继而,被隋文帝授予秘书丞之职,任务是编修《梁书》《陈书》两部史籍。

蜀王府司马姚最获悉嫡兄入北的消息后,即刻撰写了一份奏章递送皇帝,以自己庶出不应继承父亲遗产为由,请求将北绛郡公的爵位转授嫡兄姚察。这一恪守礼法的让封行为,得到了隋文帝的赞许和批准。

姚最饱读经史,服膺圣人教化,凡事礼义当先,所以他做出这样的举动并不值得惊讶。可是,正是因为姚最处处践行高尚信念,最终却给自己带来了一场杀身之祸。

最初,晋王杨广为了攫取哥哥杨勇的皇太子之位,施展了各种手段。他充分利用杨勇疏于自律的错误,反其道而行,在皇帝和皇后面前,装出一副知书达礼、作风简朴、谦恭谨慎的样子,从而成功达到了废长立次的目的。可是,得到皇太子之位后,杨广反而更加焦躁不安,因为假使其他皇子如法炮制,自己也难保不被取代。何况兄弟争位历来不绝,将来登基之后,也难保不会手足相残。为了提前免除后患，皇太子杨广暗中联络尚书左仆射杨素，制定了铲除杨氏诸王的计划。

当时，隋文帝五子之中，长子杨勇被废为庶人，三子杨俊已经病逝。因此，杨广认为，他最大的威胁分别来自四弟蜀王杨秀和五弟汉王杨谅。

杨广首先向益州派出卧底，秘密调查蜀王杨秀的一举一动。随后，他修成一道奏章，向隋文帝揭发蜀王的两大罪状：其一，生活作风方面，杨秀存在着可被看作谋反的违制行为；其二，诬陷杨秀利用巫蛊之术，诅咒当今圣上。

602年春，隋文帝听信杨广的谗言，将蜀王召入京城，软禁了起来。与此同时，蜀王府中的官员也被全部收押，送交司法部门严加审讯。这些落难的王府官员既知情势危险，皆曰："所有过错，全在蜀王一人。"唯独司马姚最力保蜀王，道："凡有不法之事，皆我一人所为，蜀王毫不知情！"可是，为了得到对杨秀不利的证词，审讯人员自然不能容忍这样的顶罪行为，棍棒重重地落在姚最身上。姚最承刑数百，痛得死去活来，却坚决不肯改口，终被定成死罪，明正了典刑。

姚最死年六十七岁，不过他的精神所具有的生命力却远超于此。人们将姚最不肯卖主求生的忠贞和让封嫡兄的义举编成故事，广泛且长久地传诵。

除掉蜀王杨秀之后，杨广的目标转向了汉王杨谅。但是，杨广发现，想要利用对付蜀王的办法来对付汉王，几乎成了一件不可能的事情。因为汉王府中有一位幕僚深通儒学，在此人的引导下，杨谅非但处处合乎礼法，且有一派君子之风。无论杨广多么急于求成，都难以寻到汉王的半点瑕疵，哪怕是欲加其罪的辞令也无法拟定。

可是，世事难料。一场突然降临的国丧，终于将汉王杨谅推上了权力斗争的风口浪尖。

604年5月，隋文帝身患小疾，连续用药两个月后，病症不轻反重。假如此时姚僧垣尚在人间，或许还有解救之法，但是姚最死后，一脉相传的姚氏医理已经断绝，世间再无名医。隋文帝只好大赦天下，盼望借此禳灾避祸，但毫无效验。

604年8月10日，隋文帝自知性命不保，趁着意识尚清，召百官轮流进宫做最后的诀别。面对生命的无常，君臣紧握双手，不胜唏嘘。

轮到太府丞何稠晋见时，隋文帝叫他靠近身旁，强打精神说道："卿曾主持埋葬皇后，朕死后你也要妥善安置。为什么向你嘱托此事呢？因为难忘夫妻之情，我的魂魄将在地下与皇后相逢。"说完，一把揽过皇太子杨广的后颈，叮咛道："何稠做事一向用心，所以我将后事托付于他。倘使遇到问题，定要同他商讨。"杨广点头答应。

604年8月13日，隋文帝杨坚驾崩，享年六十三岁。皇太子杨广承诏继位，是为隋炀帝。

这一日，当汉王杨谅接到新帝杨广发来的诏书时，他顿时陷入了两难的困境。隋炀帝要他从速进京，为父守丧。可是，杨谅知道，此时贸然进京，必定凶多吉少，但拒不奉诏，亦是重罪一条。

杨谅赶忙召集府中亲信商讨对策。会场出奇地安静，汉王府的官员担心将来受到牵连，尽皆缄默不语。忽然，一人示意发言。在得到杨谅准许后，此人陈述了他的观点：首先，他不赞成汉王进京，因为杨广绝不会手下留情；其次，与其坐以待毙，不如放手一搏，所以他力劝汉王兴兵起事。这个人就是王頍。

开皇年间，王頍在国子博士的职位上获罪，发配岭南。几年后，他刑满回京。可是，公职已失，无处托身。幸得汉王赏识，将其延请入府，授以谘议参军之职，王頍遂成为汉王身旁一位举足轻重的幕僚。

并州是汉王杨谅的治所，北接突厥。王頍很早就向杨谅建议，可借抵御外敌之名，壮大自身实力。汉王从其言，上书隋文帝："突厥

诸王罹祸

强盛,并州位于前线,应该增加武备。"在得到皇帝首肯后,杨谅大规模招兵买马、积草屯粮,很快掌握了数万精兵。

当此危难时刻,手中的兵权让汉王感到莫大的信心,同时他更加赞佩王颁的远见卓识。因此,他决定接受王颁提出的反隋建议。

大计既定,具体的行动策略就成了讨论的中心内容。汉王杨谅面临两个选择:一是主动出击,同杨广争夺天下;二是据守并州,自成一国。谘议参军王颁继续进言道:"府中官兵多是关中人士,他们的家属居住在隋都故地,若要长驱直入,攻取京师,应该任用这些人;倘若只想割据一方,则须重用本地人。"汉王决定兼用两策,意在进可攻退可守。不过,在兵力有限本该孤注一掷的情况下,汉王却要攻防并重,这一选择颇不明智。

604年9月,汉王杨谅打出"杨素反,将诛之"的旗号,起兵反叛,正式与杨广决裂。

消息传到京城,隋炀帝宣布暂停国丧,专心应对并州之变。为了否定汉王起兵的合理性,杨广反而任命尚书左仆射杨素为主帅,率军北上平叛。

这一天,汉王军与杨素军在一处名叫蒿泽的地方相遇。双方各自列阵,做好了战斗准备。忽然,阴云密布,电闪雷鸣,倾盆大雨从天而降。汉王杨谅见雨势太大,便欲退兵,改日再战。王颁从旁力谏道:"杨素孤军深入,兵马俱已疲惫,您若亲率精锐之师发起猛攻,大事可成。如今望敌避战,士卒以为您胆怯,将会折损我方斗志,万望您不要退兵。"汉王不听,退至一处小镇。但是,城垣矮小,难成守势。杨谅不得不重新布阵,迎战尾随而至的官军。

王颁认真地观察了周围的环境,向着身旁的儿子悄声说道:"风向和地形对我军不利,汉王必败,你要紧紧跟在我身旁。"果然,双方接战不久,汉军全线溃败。

王颁领着儿子夺路北逃,打算翻过崇山峻岭,进入突厥境内避难。然而,茂密的丛林和没顶的野草遮蔽了他们前进的道路,王颁父子迷失在山谷中,久久找不到出口。王颁时年五十四岁,体力有限,他再也行走不动了。王颁不忍拖累儿子,乃道:"我的谋略不在杨素之下,可惜汉王不听我言,才会陷此困境。我不能坐等被擒,成就他杨素的名声。我死之后,你千万不要到亲戚和朋友家中去。"说完,自刎而亡。一位擅长儒学、热衷纵横又熟读兵法的南士,就这样结束了他的一生。

王颁之子将父亲的遗体投入石窟草草掩埋,然后他继续逃亡。过了数日,终于跌跌撞撞离开了丛林,可是他已饥饿难耐。恰好当时经过一位故人家门,王颁之子竟然不顾父亲临终警告,迈步进去讨饭,随即被埋伏多时的官兵捕获。

杨素派人挖出王颁的尸体,砍下头颅,挂在晋阳城外示众。最终,汉王之乱不出一月便被平定了。

604年11月13日,隋文帝杨坚出殡。太府丞何稠采用"同坟异穴"的方式,合葬了皇帝与皇后。该葬制源于西汉,属于当时的最高规格。

炀帝亡国

隋炀帝巡游江都期间，南士何稠发挥工匠精神，制造并改造了多种御用器具。三征高丽时，何稠随军出征，修桥建城。但是，当大隋末日来临之际，他会遭逢什么样的苦难呢？

605年10月2日，继位不足一年的隋炀帝登上了南下江都的龙船。

临行之际，杨广将太府丞何稠的官职提升为太府少卿，命他参阅古今图籍，建造并改造南巡所需的车驾、服装和仪仗器物。一旦完工，即刻送往江都。

何稠仔细研究了以往皇帝及官员用品的规格和成式，保留其中的合理部分，同时针对不当之处做出改善。

按照传统样式，皇帝所乘舆车的包厢建在车辕之上，厢体狭小，且司乘人员也要坐在厢内驾驶，这让紧窄的空间更为拥挤。何稠认为："君臣挤在一处，有失贵贱体统。"于是，他增加车辕长度，在前方留出驾驶位并以栏楯围护，车夫可以站立其中，摇鞭驱策。何稠还在包厢内增设了一处台座，皇帝独居其上，有利于彰显君主的崇高。

汉代以来，官员的着装大体分为朝服和公服两种。前者用于大朝，后者用于小朝。其中的公服最初来自军人装束，以轻简为主，随意性较大。在何稠看来，此中便存在很大的礼制缺陷，因为公服上缺少绶带、印囊和玉佩等装饰物品。他认为："臣子在帝王面前不挂官印、不戴玉佩,岂不失礼?"于是,何稠在公服上增置了一条绶带,用于悬印,又在腰部位置添加玉佩一个,以合臣子之礼。

与公服相配的官帽,名叫皮弁。通常用鹿皮缝制,五寸高,前后镶嵌玉石,顶部有缨。皮弁原非汉族帽式,因此,同汉族男子二十岁束发施簪的发型很难相容。何稠向隋炀帝上书道:"皮弁原是狩猎之帽,既然戴在官员头上,应该有所改变。"在得到皇帝授权后,何稠做出了大胆改动。他在皮弁上方,左右对称开孔,用象牙簪穿过孔洞,一并固定帽子和发髻。这种官帽型式被称为"簪导"帽式,之后沿用了千余年。

无论是车驾的改造,还是公服的变革,或是官帽的创新,对何稠来说,似乎都得心应手。但是,当他准备生产仪仗器具时,却遇到了一个无法解决的难题。依照隋炀帝出巡的要求,何稠需要为一支三万六千人的仪仗队配备旌旗伞扇,这些仪仗器物的表面皆需装饰鸟羽和兽毛。可是,在隋朝的府库里,并没有储存数量如此庞大的材料,何稠只好向皇帝求助。杨广马上诏令全国各地州县,限时课送。隋朝的百姓被迫停下手中的农活,或张网于田间,或狩猎于山林,但凡稍有靓丽羽毛的飞禽走兽,都被捕猎一空。

经过日夜赶制,何稠备齐了全部物品,按时交付江都。炫丽物品营造出来的景象具有引人入胜的效果,一位帝王的无尚尊荣被最大限度地烘托出来。粗略计算,何稠为完成生产、改造和运送任务,先后动用人工达十余万,耗费金钱数以亿计。何稠在如此巨大的财富面前,丝毫没有动心。隋炀帝委派两位官员复核何稠的开销账目,几年后才给出结果,竟是毫厘不差。

然而,国库亏空、民力超支带来的隐患却是无穷的。当百姓流下太多无辜的血汗时,他们会对朝廷啧有烦言。但是,隋炀帝只知道乘坐龙舟领略万众朝拜的壮哉,完全没有预想到国家巨轮也有倾覆之险。

隋朝真正走向灭亡,肇始于对辽东的三次大规模征伐。高丽国

炀帝亡国

不肯纳贡且偶有扰边，这让沉迷于帝王威仪的隋炀帝感到愤怒。

612年2月9日，杨广亲自指挥一百一十三万大军向高丽国发起第一次进攻。太府少卿何稠被任命为左屯卫将军，统领御营弩手三万人，负责保护皇帝的安全。

两个多月后，隋军抵达辽河西岸，集中力量架设浮桥。四天后，桥将建成，高丽军突然杀出，攻击了即将登岸的隋军官兵，浮桥被毁。杨广大怒，命何稠接管造桥任务，要求他以最快的速度连通东西两岸。何稠采用全新的架设方法，仅用两日便建起了一座坚固的浮桥。隋军一拥而过，迅速包围了高丽国的辽东城。

为了方便指挥战斗，隋炀帝命何稠在辽东城西侧不远处修建一座行宫。何稠指挥军士，仅用一夜时间就建造出一座周长八里，高十余米，城门、城楼、垛口一应俱全的木城。高丽军一觉醒来，见西方忽现一座城，惊骇不已，以为从天而降。

隋军对辽东城的围攻持续了四个月，由于高丽军拼死抵抗，隋军始终不能破城。与此同时，高丽人借着本土作战的优势，在其他多个地点大败隋师。612年8月27日，隋军出现了严重的补给困难。隋炀帝只好下令撤兵，第一次东征失败。

隋朝重臣杨素病逝于606年8月，埋葬在华阴。一日，萧吉途经杨素墓地，见坟上一束白气直冲天宇，情知这是不祥之兆，乃密告皇帝。隋炀帝听后，惊诧："这是何征兆？"萧吉答道："杨家将遭兵祸，属灭门之象。若能改葬他处，或可躲过此劫。"隋炀帝遂将此事记在了心头。

杨素之子名叫杨玄感，时任礼部尚书。一天隋炀帝与他闲谈间，劝道："令尊坟地不吉，爱卿应该尽快改葬。"杨玄感早就听闻父亲坟墓有异，却错误地以为是吉兆，搪塞道："高丽未灭，无暇处理个人家事。"

613年4月，隋炀帝第二次东征高丽国时，命杨玄感驻守黎阳，督运粮草。杨玄感分析了时局，认为连年征战民不聊生的隋朝，正是英雄用武之地。于是,他扣留了全部的后勤物资,起兵为乱。隋炀帝急忙回师平叛,并于两个月后肃清了杨玄感之乱。谋反是十恶不赦的大罪,杨素家族终遭灭门。想到萧吉对杨素墓地精准的卜测,隋炀帝简直将他奉若神明。

隋朝的第三次东征是以高丽国主动请降结束的,但是除了名义上的胜利之外,隋朝一无所获。相反,被战争拖垮的帝国,到处是改朝换代的呼声和高举义旗的叛乱,大隋的末日越来越近了。

萧吉病逝于614年,至此,何稠成了江陵北迁南士中硕果仅存的一位。但是,他没有太多的时间感受孤独,因为还有一段苦难的历程在等待着他。

616年8月27日,隋炀帝第三次南下江都,何稠奉命随行。由于北方起义浪潮汹涌,杨广只好在江都长住。孰料618年4月11日,右屯卫将军宇文化及突然在江都造反,将隋炀帝杀死在宫帷之中。

宇文化及自封丞相,挟持满朝文武,拥立杨广的侄子杨浩为帝,名义上延续着隋朝政权。在叛军的强迫下,何稠出任工部尚书,统管全国的屯田、水利、工程、交通等事项。然而,当此隋末乱世,朝廷政令已经不能通行天下,何稠的职位并没有多大的实际意义。

619年3月,宇文化及带领文武百官转战山东,向自立为夏王的窦建德发起征讨。结果,宇文化及指挥不当,兵败被杀。何稠被窦建德的军队捕获,在夏国出任工部尚书,受封舒国公。

621年5月28日,窦建德率部在虎牢关与大唐秦王李世民展开会战。唐军大获全胜,窦建德兵败身死,何稠及其家人又被唐军捕获。

由于何稠历仕伪朝,其子女皆籍没为奴,被李世民赐予大理寺卿张道源当作家仆。可是,自隋朝统一以来,汉人制度久已深入人心,胡人遗留的落后奖赏方式,再也不能被人接受。大理寺卿张道源饱读诗书,处处践行儒家之道,他对何稠一家的遭遇深表同情,与人说道:"灾祸和福禄皆无常,我怎能让他人落难的子女侍奉?如果

真的这样做,仁者之心何在?"不仅将何稠的子女送还,还赠送了许多衣食。何稠或许没有想到,江陵北迁南士积极帮助北朝推行儒学,竟在几十年后德荫自己的子孙!

入唐后,何稠被重新起用,供职于少府监。可是,上任不久,他就病逝了。

历史尘封了记忆,现实掩埋了过去。江陵之役以来的六十多年里,大大小小的战争从未停歇,以致人们早就淡忘了梁朝遭遇的那场兵灾。而南士伤痕累累的人生也随着他们的相继离世,似乎不再悲戚。可是,古籍中记载的盛世到底在何方?为什么南士翘首以盼,却始终见不到半点太平休明的影子?

大唐盛世

唐朝建立时,江陵北迁南士皆已亡故。但是,他们遗留的制度和著作,促进了大唐文化的繁荣。江陵南士群体会给后人带来怎样的启发?

岭衔宵月桂,珠穿晓露丛。
蝉啼觉树冷,萤火不温风。
花生圆菊蕊,荷尽戏鱼通。
晨浦鸣飞雁,夕渚集栖鸿。
飒飒高天吹,氛澄下炽空。❶

这是一首五言诗,题为《秋日效庾信体》,作者正是贞观天子李世民。皎洁的明月、啼鸣的寒蝉、成行的大雁、南渡的飞鸿,这些南士诗中常见的元素一应俱全,然而故国之思却已消失得无影无踪。对于大唐王朝来说,日月照临之地皆我所统,鸿雁飞落之处尽我所辖,宽广的疆域再也容不得一丝狭隘的乡愁。只有那晶莹的露珠、闪烁的萤灯、盛放的菊花、欢畅的游鱼,才能点缀眼前的娴静与美好。

628年,唐太宗李世民一统九州,中国历史终于迎来了一段政通人和的繁盛时代。

欣欣向荣的生活让唐人变得易于感动,丰衣足食的日子塑造着

---

❶ 选自《全唐诗》。

江陵北迁南士

他们细腻的心性,这时的人们需要酣畅淋漓地倾吐胸中的激情!除了诗歌,任何语言都是寡淡无味的,只有最华丽的词汇和最典雅的句型,方可抒发他们的自信与欢愉。唐朝的文人墨客由衷感叹宫体诗的柔美,也格外敬重那些乱世里的生命。他们争相传抄南士的诗集,用《哀江南赋》给孩童启蒙。

然而,南北分裂三百年之久,隋朝的短暂统一尚未彻底改变胡汉分治时代的影响。语言和口音仍旧杂乱,严重影响了唐诗的创作和传播。幸而,南士萧该的《汉书音》十二卷、《后汉书音》三卷、《文选音》十卷提前为唐人预备了一套经过严格矫正的标准化发声规范。文人雅士终于可以在同一音韵规则下寻觅知己。

礼崩乐坏是社会失衡的标志,厌倦了在苦难中挣扎的人们已然领会到向儒家思想寻求帮助的重要性,因此,唐代儒学走向了更大的繁荣。

儒家义理时刻劝导着民众必须按照仁爱的社会规则行事,任何情况下的暴跳如雷都成了粗鄙的代名词。对于久经少数民族统治的北方来说,孔孟之道极大促进了民族文化的融和。特别是当异族的家庭伦理遵照汉人的方式进行组织之后,男耕女织取代了蓄牛养羊,逐草而居替换为城邦生活,内迁的五胡民众最终远离了原始和野蛮。华夏大地彬彬有礼地接纳着每一个愿意亲近她的族群,儒家思想则统一着各族的认知标准。

南士沈重撰写的《毛诗义疏》二十八卷、《周官礼义疏》四十卷、《礼记义疏》四十卷、《乐律义》四卷,为唐人贡献了精心考校过的儒学义理,打开了一道理解儒家思想的方便之门。何妥撰写的《五经大义》五卷、《周易讲疏》十三卷、《孝经义疏》二卷、《乐要》一卷,亦是不可多得的儒经注疏。另有,明克让的《孝经义疏》一部和王颁的《五经大义》三十卷,皆为备受瞩目的重要儒学作品。

进入唐代之后,《颜氏家训》一书的效力彰显了出来。颜之推的嫡长孙颜师古承袭家学传统,成长为唐代一位儒学大家。唐太宗有感于儒家典籍在流传和抄录过程中出现的大量错讹,命颜师古考定《五经》,力求最大限度地接近古本原意。颜师古以两晋南朝时期留存下来的古今经籍为底稿,去伪存真,编订完成一部《五经定本》。经由唐太宗核准后,颁行天下。

"以史为镜,可以知兴替",唐人有极强的修史愿望。姚僧垣的嫡长孙姚思廉在太宗朝中任职著作郎、弘文馆学士,奉命编纂其父姚察未完成的《梁书》和《陈书》,为后世留下了两部重要史籍。在姚思廉著史的过程中,其叔姚最遗留的十卷本《梁昭后略》,定是不容忽视的史料,南士刘祥为其父刘璠整理刊行的《梁典》,也必是重要的参考书目。

"以人为镜,可以明得失",南士乐运载棺直谏的往事堪称谏官的标尺。他以自身的榜样作用,不断告诫后世官员,针砭时弊不仅是文官的职责,还是士大夫阶层的风骨,任何在给皇帝上书时考虑个人安危的行为都是可耻的。乐运编修的《谏苑》一书,更是促成了唐代官员敢于进言的品行。大唐名相魏徵向唐太宗累谏两百多次,乐运定会为此含笑九泉。

天人感应学说也是唐人感兴趣的主题之一。庾季才的《灵台秘苑》和《垂象志》名噪一时。而萧吉的《五行大义》一书,由于系统地揭示了阴阳、五行、八卦、九宫的运作机理,在解释天地万物运行规律时,具有无可替代的价值,因此受到唐人的重视。萧吉的理论对唐代堪舆、命理、相术等多个门类起到了难以估量的促进作用。744年,唐玄宗李隆基在位时,几位大臣奏请在京城东郊建立一座九宫神坛,通过祭祀太一、天一、招摇、轩辕、咸池、青龙、太阴、天符、摄提九神,以保国家昌盛、天下太平。当时他们便是援引了萧吉《五行大义》一书中的理论,最终成功说服皇帝。待到唐德宗李适当政时,有位名叫李虚中的朝廷官员,以萧吉命理为蓝本,融合四季五行旺衰的算法预测人生,据传能够达到百断不失一二的境界。

除了以上著作外,姚僧垣的《集验方》被视为医学宝典,宗懔

的《荆楚岁时记》为民俗学之必读书,鲍宏的《小博经》增添了杂艺类的著述,颜之推的《冤魂志》和《集灵记》丰富了志幻小说的文学体裁……

唐代的制度多沿用北周和隋朝制度,江陵北迁南士的官制、法制、乐制及文制思想,在大唐盛世中均得到直接或间接的体现。唐代官制深受裴政六卿体系的影响,《唐律》大体挪用《开皇律》,唐乐仍用何妥的黄钟一宫,唐代官学依旧采取国子施教,甚至北周专门用于安置江陵南士的麟趾殿,在唐代也得以保留。唐时的麟趾殿重建于东都洛阳的上阳宫内,由神和亭、洞玄堂两部分组成。

唐太宗时期,佛教渐渐复苏。僧侣们经过几十年的反思,总算发现了信仰灾难产生的真正原因。为了避免佛教再次毁于自身的贪念和戾气,信徒们渴望回归原始教义,在时代的感召下,唐玄奘历经千辛万苦,去往印度求取真经。

一次,唐太宗李世民将一部《大品般若经》作为圣物赏赐臣下。这部《大品般若经》并非一般的佛经藏本,它由南士王褒亲笔手抄,抄写时间当是介于北迁长安之后和三教论衡之前。《大品般若经》的核心思想是"自性本空",认为万事万物均为因缘际会的结果,告诫世人无需执着名利得失,亦不必在意命运浮沉。也许这就是王褒愿意用他那飘逸的书法誊抄此书的原因吧。

一代王朝的伟大,不仅在于疆域的广阔、经济的繁荣、军事的强悍,更在于文化的兴盛。江陵北迁南士为后人架起了一座座直通过往的桥梁,使得唐宗宋祖终能与秦皇汉武并驾齐名!

当大唐盛世来临之际,回想江陵城那场惨痛的厮杀,回忆北迁时那段坎坷的道路,回顾异国里那些思乡的愁绪,历史重塑了一群文化士人的集体肖像,重申了他们的人生格局,更重燃了华夏文明的希望之火!

附录　江陵北迁南士列表

门第	人物	在世时间	享年	史料出处
琅琊王氏	王褒	513—576年	63岁	《北史·文苑传》
陈郡谢氏	谢贞	534—586年	52岁	《陈书·孝行传》
陈郡殷氏	殷不害	505—589年	84岁	《陈书·孝行传》
太原王氏	王颁	—	52岁	《北史·孝行传》
太原王氏	王颎	551—604年	53岁	《隋书·王颎传》
晋皇室河内司马氏	司马皓	—		《陈书·孝行传》
晋皇室河内司马氏	司马延义	—		《陈书·孝行传》
琅琊颜氏	颜之推	529—595年	66岁	《北史·文苑传》
琅琊颜氏	颜之仪	523—591年	68岁	《北史·文苑传》
沛国刘氏	刘臻	527—598年	71岁	《北史·文苑传》
沛国刘氏	刘祥	—		《周书·刘祥传》
河东裴氏	裴政	—	89岁	《隋书·裴政传》
河东柳氏	柳裘	—		《隋书·柳裘传》
平原明氏	明克让	525—594年	69岁	《北史·文苑传》
南阳宗氏	宗懔	502—565年	63岁	《周书·宗懔传》
南阳庾氏	庾信	513—581年	68岁	《北史·文苑传》
南阳庾氏	庾季才	515—603年	88岁	《隋书·庾季才传》
南阳乐氏	乐运	—		《周书·乐运传》
东海鲍氏	鲍宏	—		《隋书·鲍宏传》
梁宗氏兰陵萧氏	萧吉	?—614年		《隋书·萧吉传》
梁宗氏兰陵萧氏	萧该	535—610年	75岁	《隋书·萧该传》
梁宗氏兰陵萧氏	萧大圜	—		《周书·萧大圜传》
梁宗氏兰陵萧氏	萧大封	—		《南史·梁元帝纪》

续表

门第	人物	在世时间	享年	史料出处
陈宗氏吴兴长城陈氏	陈顼	530—582年	52岁	《陈书·宣帝本纪》
	陈昌	537—560年	23岁	《陈书·衡阳献王昌传》
	陈叔宝	553—604年	51岁	《陈书·后主本纪》
	柳皇后	?—615年		《陈书·高宗柳皇后》
吴兴沈氏	沈炯	503—561年	58岁	《陈书·沈炯传》
	沈重	500—583年	83岁	《周书·沈重传》
西域人	何妥	—		《隋书·何妥传》
	何稠	—		《隋书·何稠传》
荥阳人	毛喜	516—587年	71岁	《陈书·毛喜传》
吴兴人	姚僧垣	499—583年	84岁	《周书·姚僧垣传》
	姚最	536—603年	67岁	《周书·姚最传》